名师名校名校长

凝聚名师共识
回应名师关怀
打造名师品牌
培育名师群体

基于核心素养的高中物理课堂教学策略和评价

黄爱国 著

辽宁大学出版社

·沈阳·

图书在版编目（CIP）数据

基于核心素养的高中物理课堂教学策略和评价/黄
爱国著. --沈阳：辽宁大学出版社，2023.4
　（名师名校名校长书系）
　ISBN 978-7-5698-1103-2

　Ⅰ.①基… 　Ⅱ.①黄… 　Ⅲ.①中学物理课－课堂教学
－教学研究－高中 　Ⅳ.①G633.72

中国国家版本馆 CIP 数据核字（2023）第 024103 号

基于核心素养的高中物理课堂教学策略和评价

JIYU HEXIN SUYANG DE GAOZHONG WULI KETANG JIAOXUE CELÜE HE PINGJIA

出　版　者：辽宁大学出版社有限责任公司
　　　　　　（地址：沈阳市皇姑区崇山中路 66 号　　邮政编码：110036）
印　刷　者：沈阳海世达印务有限公司
发　行　者：辽宁大学出版社有限责任公司
幅面尺寸：170mm×240mm
印　　张：14
字　　数：220 千字
出版时间：2023 年 4 月第 1 版
印刷时间：2023 年 4 月第 1 次印刷
责任编辑：李珊珊
封面设计：徐澄玥
责任校对：王　健

书　　号：ISBN 978-7-5698-1103-2
定　　价：58.00 元

联系电话：024-86864613
邮购热线：024-86830665
网　　址：http://press.lnu.edu.cn

序言

　　《普通高中物理课程标准（2017 年版 2020 年修订）》提出，物理学科核心素养是学生在接受物理教育过程中逐步形成的适应个人终身发展和社会发展所需要的正确价值观、必备品格和关键能力的综合表现。其主要包括"物理观念""科学思维""科学探究""科学态度与责任"四个方面。

　　我个人喜欢问题引导"对话式"自由思辨的课堂，让学生能自由、开放、多元地去探索未知的学习领域。设计的核心问题能承载知识的核心内容，能提供较大的思考空间引发学生的思辨，激发学生自主探索的欲望和挑战更高难度的热情。

　　在教学过程中要注意基础与能力培养相结合，特别要重视课堂教学。我擅长"以物悟理"，在教学过程中通过来源于生产生活的真实问题情境阐明物理概念、物理规律的来龙去脉，让学生经历物理概念、物理规律的建立过程，悟出构建物理知识的道理，培养学生的物理观念和科学思维。在教材的基础上作一定的拓展延伸，使学生完善物理知识的整体架构。在课堂教学中围绕物理现象的本质设计多角度的问题情境和实验情境，让学生感受"万变不离其宗"，培养学生的科学探究能力。

　　在教学过程中注意培养学生优良的学习品质，进行物理学研究方法的教育和物理学理论学习方法的教育，立足学科教学，努力实践"育人为本"。通过人格熏陶、正向引导，帮助学生树立勇于进取、不怕挫折的学习品质，培养学生的科学态度与责任，努力落实立德树人根本任务。

　　本书是我从教中学物理 27 年的积累，相当一部分是近几年来开展省级科研课题"普通高中'求真致知，自主高效'思维型课堂教学模式的研究""基于核心素养的高中物理课堂教学评价的研究""高中物理多样化特色化教学培养模式的研究"等的研究成果。从课堂教学策略和课堂教学评价两个角度阐述了我对"新课程新教材新高考"背景下的高中物理课堂教学改革的实践与创新，供各位中学物理教师同行们参考。书中引用了华南师范大学附属中学刘湘敏、吴玖丹、叶正波等老师的教学案例以及广东省黄爱国名教师工作室学员陈泓彬、张振祯、郑维婧等老师的教学片段，在此对以上老师表示感谢；摘录了华南师范大学附属中学高一和高二年级物理课程纲要，在此对高一备课组组长李剑虹老师、高二备课组组长赵建辉老师以及备课组全体成员表示感谢。特别感谢我的爱人王家燕老师通读本书并给予许多宝贵意见和建议。由于我的水平有限，本书中难免有不妥甚至是错误之处，欢迎各位前辈、同行及广大读者批评指正。在本书付梓之际，我谨向辽宁大学出版社的领导、编审出版人员，以及一切关心、支持我的华南师范大学附属中学领导、老师、同行及朋友表示衷心的感谢！

黄爱国

2022 年 6 月

前言

　　"物理学"一词源于希腊文（φυσικη），意为自然。物理学是自然科学领域的一门基础学科，研究自然界物质的基本结构、相互作用和运动规律。物理学家研究小至亚原子粒子大至宇宙的物体，他们研究物质和能量的本性以及它们之间的相互关系。物理学基于观察与实验，建构物理模型，应用数学等工具，通过科学推理和论证，形成系统的理论体系和研究方法。

　　高中物理课程作为普通高中自然科学领域的一门基础课程，坚持落实国家提出的立德树人根本任务，进一步提升学生的物理学科核心素养，帮助学生形成正确的物理观念，从物理学的视角认识自然、理解自然，建构关于自然界的物理图景；引导学生经历科学探究过程，体会科学研究方法，养成科学思维习惯，增强创新意识和实践能力；引领学生认识科学的本质以及科学·技术·社会·环境（STSE）的关系，形成科学态度、科学世界观和正确的价值观，为做有社会责任感的公民奠定基础。

　　基于核心素养的课堂教学是教人，而不是教书，学科教师不是教学科，而是用学科来教人。课堂上以学生为中心，教师需要高度关注学生的学习状态。教学活动不再是学生对知识做搬运、转移的过程，而是学生依据自身的经验来建构、发现和领悟知识动态生成的过程。课堂教学从"知识传递"的教学转向"知识建构"的教学，把学生看作自主的、有足够认识能力和思维能力的人。教师成为课堂的引导者，为学生营造自由的学习氛围，考虑学生的实际需求，引导学生的思考，辅助学生的活动。

　　基于核心素养的课堂教学评价能够给予教师发展性评价，期望通过对教师的课堂教学进行评价、讨论、反思，让被评教师的教学技能和教学水平得到提高，为教师之间相互交流、发现各自的优缺点提供机会，助力教师专业发展，最终让核心素养教学理念在高中物理课堂教学中落地生根、结出硕果。

目 录

第一章　核心素养理念引领课堂教学改革

第一节　高中物理学科核心素养与课程目标 …………………… 2

第二节　高中物理课堂教学改革 ……………………………… 7

第三节　高中物理课堂教学评价改革 ………………………… 18

第四节　高中物理校本教研助推课堂教学改革 ……………… 31

第五节　"互联网＋"时代的中学物理教学改革展望 ………… 39

第二章　基于核心素养理念的高中物理教学策略

第一节　高中物理课堂教学行为 ……………………………… 50

第二节　高中物理概念课教学策略 …………………………… 68

第三节　高中物理规律课教学策略 …………………………… 87

第四节　高中物理实验课教学策略 …………………………… 102

第五节　高中物理习题课教学策略 …………………………… 120

第六节　高中物理复习课教学策略 …………………………… 140

第七节　新课程新教材背景下高考物理备考策略 …………… 163

第三章　基于核心素养的高中物理课堂教学评价

第一节　核心素养理念下的课堂教学要素 …………………… 178

第二节　高中物理四种课型教学的典型特征 ………………… 180

第三节　高中物理课堂教学评价的方法 ……………………… 184

第四节　高中物理课堂教学评价案例分析 …………………… 189

附　录

高一物理第一学期课程纲要 …………………………………………… 200

高一物理第二学期课程纲要 …………………………………………… 203

高二物理第一学期课程纲要 …………………………………………… 207

高二物理第二学期课程纲要 …………………………………………… 211

第一章

核心素养理念引领课堂教学改革

　　《国家中长期教育改革和发展规划纲要（2010—2020年）》指出：高中阶段教育是学生个性形成、自主发展的关键时期，对提高国民素质和培养创新人才具有特殊意义；遵循教育规律和人才成长规律，深化教育教学改革，创新教育教学方法，探索多种培养方式，形成各类人才辈出、拔尖创新人才不断涌现的局面。《普通高中物理课程标准（2017年版2020年修订）》（以下简称《高中物理课程标准》）指出：全面贯彻党的教育方针，落实立德树人根本任务；关注信息化环境下的教学改革，关注学生个性化、多样化的学习发展需求，促进人才培养模式的转变，着力发展学生的核心素养。

　　核心素养是个人终身发展和可持续发展的基础。核心素养是个人必备品格和关键能力，学科＋核心素养＝学科核心素养，学科核心素养是核心素养在特定学科的具体化。例如，物理学科核心素养是学生在学习物理后所形成的、具有学科特点的成就，是学科育人价值的集中体现。学科核心素养是学科特性和教育内涵的有机融合。从"三维目标"走向"核心素养"，是学科教育在高度、深度和内涵上的提升，是学科教育对人的真正的回归。学科核心素养的提出意味着学科教育模式和学习方式的根本变革。

第一节　高中物理学科核心素养与课程目标

物理学是自然科学领域的一门基础学科，研究自然界物质的基本结构、相互作用和运动规律。物理学基于观察与实验，建构物理模型，应用数学等工具，通过科学推理和论证，形成系统的研究方法和理论体系。从古希腊时代的自然哲学，到 17、18 世纪的经典物理学，直至近代的相对论、量子论等，物理学始终引领着人类对自然奥秘的探索，深化着人类对自然界的认识。物理学对化学、生命科学、地球与宇宙科学等自然科学产生了重要影响，推动了材料、能源、环境信息等科学技术的进步，促进了人类生产生活方式的变革，对人类的思维方式、价值观念等都产生了深远影响，对人类文明和社会进步做出了巨大贡献。

高中物理课程是普通高中自然科学领域的一门基础课程，旨在落实立德树人根本任务，进一步提升学生的物理学科核心素养，为学生的终身发展奠定基础，促进人类科学事业的传承与社会的发展。高中物理课程在义务教育的基础上，帮助学生从物理学的视角认识自然、理解自然，建构关于自然界的物理图景；引导学生经历科学探究过程，体会科学研究方法，养成科学思维习惯，增强创新意识和实践能力；引领学生认识科学的本质以及科学·技术·社会·环境（STSE）的关系，形成科学态度、科学世界观和正确的价值观，为做有社会责任感的公民奠定基础。

一、学科核心素养

学科核心素养是学科育人价值的集中体现，是学生通过学科学习而逐步形成的正确价值观念、必备品格和关键能力。物理学科核心素养主要包括"物理观念""科学思维""科学探究""科学态度与责任"四个方面。

1. 物理观念

"物理观念"是从物理学视角形成的关于物质、运动与相互作用、能量等的基本认识，是物理概念和规律等在头脑中的提炼与升华，是从物理学视角解释自然现象和解决实际问题的基础。

"物理观念"主要包括物质观念、运动与相互作用观念、能量观念等要素。

2. 科学思维

"科学思维"是从物理学视角对客观事物的本质属性、内在规律及相互关系的认识方式；是基于经验事实建构物理模型的抽象概括过程；是分析综合、推理论证等方法在科学领域的具体运用；是基于事实证据和科学推理对不同观点和结论进行质疑和批判，进行检验和修正，进而提出创造性见解的能力与品格。

"科学思维"主要包括模型建构、科学推理、科学论证、质疑创新等要素。

3. 科学探究

"科学探究"是指基于观察和实验提出物理问题、形成猜想和假设、设计实验与制定方案、获取和处理信息、基于证据得出结论并做出解释，以及对科学探究过程和结果进行交流、评估、反思的能力。

"科学探究"主要包括问题、证据、解释、交流等要素。

4. 科学态度与责任

"科学态度与责任"是指在认识科学本质、认识科学·技术·社会·环境（STSE）关系的基础上，逐渐形成的探索自然的内在动力，严谨认真、实事求是和持之以恒的科学态度，以及遵守道德规范，保护环境并推动可持续发展的责任感。

"科学态度与责任"主要包括科学本质、科学态度、社会责任等要素。

二、课程目标

高中物理课程应在义务教育的基础上，进一步促进学生物理学科核心素养的养成和发展。通过高中物理课程的学习，学生应达到如下目标：

（1）形成物质观念、运动与相互作用观念、能量观念等，能用其解释自然现象和解决实际问题。

（2）具有建构模型的意识和能力；能运用科学思维方法，从定性和定量两个方面对相关问题进行科学推理、找出规律、形成结论；具有使用科学证据的意识和评估科学证据的能力，能运用证据对研究的问题进行描述、解释和预测；具有批判性思维，能基于证据大胆质疑，从不同角度思考问题，追求科技创新。

（3）具有科学探究意识，能在观察和实验中发现问题、提出合理猜想与假设；具有设计探究方案和获取证据的能力，能正确实施探究方案，使用不同方法和手段分析、处理信息，描述并解释探究结果和变化趋势；具有交流的意愿与能力，能准确表述、评估和反思探究过程与结果。

（4）能正确认识科学的本质；具有学习和研究物理的好奇心与求知欲，能主动与他人合作，尊重他人，能基于证据和逻辑发表自己的见解，实事求是，不迷信权威；关心国内外科技发展现状与趋势，了解物理研究和物理成果的应用应遵循道德规范，认识科学、技术、社会、环境的关系，具有保护环境、节约资源、促进可持续发展的责任感。

三、课程结构

（一）设计依据

1. 落实立德树人根本任务要求，体现物理课程的育人功能

注重物理课程对立德树人根本任务的落实，切实将物理学科核心素养的培养贯穿在物理课程的设计和实施中。基于学生在"物理观念""科学思维""科学探究"和"科学态度与责任"等方面的物理学科核心素养发展水平，分层设计高中物理课程中各模块的教学目标及学业要求，体现物理课程的育人功能。

2. 依据普通高中课程方案，合理设置高中物理课程结构

普通高中课程方案规定物理课程开设必修、选择性必修和选修课程。物理必修课程是全体学生必须学习的课程，是高中学生物理学科核心素养发展

的共同基础；选择性必修课程由学生根据个人需求与升学要求选择学习；选修课程由学生自主选择学习。

3. 遵循学生认知规律及学科特点，设计循序渐进的课程内容

遵循高中生的认知规律及物理学科特点，设计循序渐进的必修与选择性必修课程内容。在必修课程中，纳入物理学的基本学习内容；在选择性必修和选修课程中，进一步深化和拓展力学、电磁学、热学、光学和原子物理学等学习内容。这样既关注全体学生的共同基础，又兼顾部分学生进一步学习的需求。

4. 关注学生多元发展，设计具有基础性和选择性的课程

在必修课程设计中，关注全体学生的共同基础和现代公民对物理学的基本需求。在此基础上，考虑不同学生的发展需求，设计选择性必修和选修课程。选择性必修课程的三个模块有递进关系，注重物理内容的系统性；选修课程的三个模块是并列关系，分别从物理学与社会发展、物理学与技术应用及近代物理学初步等不同方面构建课程，为学生多元发展提供空间。

5. 融入理论和实践新成果，设计先进并具有操作性的课程

高中物理课程的设计参考了国内外物理课程研究的成果，强调课程的基础性、选择性与时代性，注重将现代物理学内容、物理学研究方法、科学·技术·社会·环境（STSE）的关系等纳入课程。同时，课程设计还吸收了课程改革的成功经验，加强了课程的可操作性与可评价性。

（二）结构

图1-1展示了高中物理课程结构。必修课程是全体学生必须学习的课程，是高中学生物理学科核心素养发展的共同基础，由必修1、必修2和必修3三个模块构成。选择性必修课程是学生根据个人需求与升学要求选择学习的课程，由选择性必修1、选择性必修2和选择性必修3三个模块构成。选修课程是学生自主选择学习的课程，由选修1、选修2和选修3三个模块构成。无论必修课程还是选修课程，都应贯彻落实立德树人根本任务，注重发展学生的物理学科核心素养。

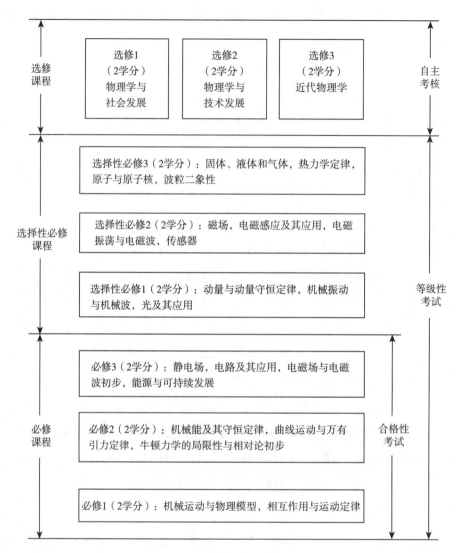

图 1 - 1

第二节　高中物理课堂教学改革

　　课程改革涉及的方面很多，课程改革的中心环节是课程实施，而课程实施的基本途径是课堂教学。最新一轮课程改革的核心是发展学生的核心素养。

　　国务院办公厅《关于新时代推进普通高中育人方式改革的指导意见》（国办发〔2019〕29 号）指出要深化课堂教学改革。按照教学计划循序渐进地开展教学，提高课堂教学效率，培养学生学习能力，促进学生系统掌握各学科基础知识、基本技能、基本方法，培养适应终身发展和社会发展所需要的正确价值观念、必备品格和关键能力。积极探索基于情境、问题导向的互动式、启发式、探究式、体验式等课堂教学，注重加强课题研究、项目设计、研究性学习等跨学科综合性教学，认真开展验证性实验和探究性实验教学。提高作业设计质量，精心设计基础性作业，适当增加探究性、实践性、综合性作业。积极推广优秀教学成果的应用，推进信息技术与教育教学深度融合，加强教学研究和指导。

一、用好教材学科育人，开展育人模式变革实践研究

　　普通高中课程在义务教育的基础上，进一步提升学生综合素质，着力发展学生核心素养，使学生成为有理想、有本领、有担当的时代新人，立德树人是教育的根本任务。新教材最重要的是教育理念的深刻变化，立德树人不是口号，而是教学操作。基于学科核心素养的教学观念，课堂教学是教人，而不是教书；学科教师不是教学科，而是用学科来教人。教科书是学生学习的"脚手架"，是指引工具。积极开展核心素养导向的课堂教学改革，有利于突出育人的自觉性。备课阶段应该从素养出发，从素养到知识。以学生发展的视角去思考教学设计，让学科逻辑与学生发展逻辑有机统一，让学科知识

与学生建立起有意义的关联。

二、创设真实问题情境，设计有效学科活动，让学生体验科学思维

学科核心素养是靠学科活动形成的。教材内容与学生生活、现代科技密切相关，教师要充分利用多种教学资源，努力创设学生感兴趣、积极参与、乐于探究、善于实验、勤于思考的真实问题情境。情境要成为学生的思维发生处、知识形成处、能力成长处、情感涵育处，创设情境就是构建课程知识内容与学生的生活、经验、情感、生命的接壤之处。创设理解学科核心概念、运用学科核心知识分析和解决问题的有效学科活动，引导学生体验基于学科思想方法的思维，展开探究和讨论，渗透抽象概念、推理论证等科学思维，培养和发展学生的自主学习能力。

三、处理好课堂教学中教师主导和学生主体的关系，引导学生自主合作学习

课堂不只是教师的讲台，更重要的是学生的学习场所。教师不能用自己的认知结果来取代学生的认识过程，而应巧妙地"导"于幕后，通过创设问题，促使学生积极地进行思考、探究，从而使学生的主体能动性发挥到最佳状态。教师的主导作用主要体现在教学内容的组织与处理、教学方法的选择、教学手段的应用等方面。在教学环节上应给足学生思考的时间和空间。例如，问题的发现和解决，如果学生能做到，教师不要包办代替；学生能做的总结，教师不要急于下结论，留给学生足够的时间和空间参与课堂教学。在教师引导下，学生围绕具有挑战性的学习主题，经历全身心积极参与、体验成功、获得发展的有意义的主动学习过程，从学生学习活动的角度来判定教学是否真实发生。

四、开展多样化的教学方式实践研究

通过教学创新和学习创新，从素养出发，以学生发展的视角去思考深入研究大概念教学、单元整体教学、主题式教学等教学方式，推动课堂教学从

以教为中心向以学为中心转变。在教师的主导下激发学生积极思维，在课堂中追求事物发展真理；在教师设计的有效学科活动中，发挥学生主体作用，使学生自主高效地建构知识框架从而达到发展学科核心素养，落实立德树人的育人目标。高中物理教学实践研究是建构新授课、实验课、习题课、复习课等课型教学的理论基础、教学目标、操作程序、实施条件和教学评价等教学模式的基本要素，形成教师个人的教育思想和具有鲜明教学风格的课堂教学模式，在推进普通高中育人模式变革、促进学校多样化特色发展、新课程新教材实施等方面发挥示范引领作用。

【教学案例】

在物理教学中渗透德育美育

《中国教育改革和发展纲要》（以下简称《纲要》）第七条指出："中小学教育要由'应试教育'转向全面提高国民素质的轨道，面向全体学生，全面提高学生的思想道德、文化科学、劳动技能和身体心理素质，促进学生生动活泼地发展，办出各自的特色。"要实现《纲要》的要求，实现基础教育的培养目标，必须坚持"五育"并举，在基础教育中，德、智、体、美、劳是全面发展不可缺少的组成部分，每一育既有其相对独立性、特定性，彼此间又相互联系、相互渗透，构成一个统一体。德育是使学生具有坚定正确的政治方向、具有社会主义思想觉悟和良好道德品质的教育。德育居于主导地位，对其他各育起着导向和保证作用。智育主要是传授系统的现代文化科学知识，发展学生智力的教育。智育是全面发展教育的基础，以其系统的知识为其他各育提供科学依据。体育是增强学生体质，发展他们的体力和运动能力，使他们养成锻炼身体和讲究卫生习惯的教育。体育是有效实施各育的物质保证。美育是形成学生正确的审美情趣和审美观，培养学生感受美、鉴赏美、创造美的能力的教育。美育能起到以美辅德、以美益智、以美增健、以美添巧的作用，是全面发展教育的升华。劳动技术教育是组织学生实践，培养学生劳动观念、劳动习惯，使学生初步掌握现代生产的基本知识、基本技能的教育。劳动技术教育是促进教育与生产劳动、社会实践相结合，培养脑体结合，全面发展新人的重要手段。在物理教学中我们经常反思除了知识的传授和智力的提升即智育外，物理教学如何渗透德育、美育以使学生得到全面的培养。

一、在物理教学中渗透德育

1. 物理教学中我们有时会介绍科学家、物理学家的奋斗历程，介绍物理学发展的历史。在这些过程中，让学生体会科学家的坚强毅力和对科学研究的钻研精神。

例如：介绍法拉第电磁感应定律的发现历史。1820 年丹麦物理学家奥斯特发现了电流的磁效应，人们自然会想到，既然电能生磁，那么为什么磁不能生电？这成了许多科学家共同关心的问题。瑞士物理学家科拉顿在 1825 年做实验：他把磁铁插入闭合线圈，试图观察线圈是否会产生感应电流。为了避免磁铁对电流计的影响，特意把电流计放在隔壁房间，他一个人做实验，只能来回奔跑。他先在一个房间里把磁铁插入线圈，再跑到另一房间里观察电流计的偏转。每次得到的都是零结果。在此期间，英国物理学家法拉第也在寻找"磁生电"的迹象，他从 1824 年开始做了无数次实验，经历了无数次失败。在 1831 年 8 月 29 日，法拉第终于取得了突破性的进展，他在软铁圆环上绕了两个相互绝缘的线圈 A 和 B，线圈 A 和 10 个电池串联的电池组连接；应用奥斯特"电生磁"实验原理，将线圈 B 用导线连通，在导线下面平行放置一只小磁针，充当检验电流通过的指示器。A 线圈与电池组接通，立即就对小磁针产生可以观察到的影响，小磁针摆动着，最后又回到原来的位置；当断开 A 线圈与电池组的连接时，小磁针又一次摆动。法拉第继续改进实验方案，进行了多次实验，在 1831 年 11 月 24 日对各种实验做了总结，向英国皇家学会报告说：他可以把产生感应电流的情况分为五类：①变化中的电流；②变化中的磁场；③运动的稳恒电流；④运动中的磁铁；⑤运动中的导线。法拉第是一位穷铁匠的儿子，13 岁开始就当学徒，没有受过正规的学校教育，完全靠自学成才。让同学们感受科学家们不甘寂寞、认真钻研、热爱科学、追求真理的精神。

2. 在物理教学中我们经常介绍近现代科学技术，同时也会介绍新中国在该科学领域取得的优异成绩。让学生感受到社会主义新中国的科学成就，使他们在心底里产生一种自豪感、荣誉感。

例如：在讲到"人造卫星和宇宙飞船"这部分内容时，我一般会介绍我国在 1970 年 4 月 24 日发射的第一颗人造卫星"东方红一号科学试验卫星"。

东方红一号人造地球卫星是用我国自己研制的长征一号运载火箭在酒泉卫星发射场发射的。这颗卫星是一个直径约 1 米的近似球形的多面体，重 173 千克，比苏联及美、法、日的第一颗人造卫星总重量之和还重。其轨道的近地点为 439 千米，远地点为 2388 千米，轨道平面和地球赤道平面的夹角为 68.5°，绕地球一周的时间为 114 分钟。把这颗卫星送上太空的长征一号运载火箭是一种三级固体混合型火箭，分别采用液体和固体火箭发动机，全长约 30 米，起飞重量 81.6 吨。接着介绍我国在载人航天科技方面取得的成绩：2003 年 10 月 15 日 9 时整，我国自行研制的神舟五号载人飞船在中国酒泉卫星发射中心发射升空。9 时 9 分 50 秒，神舟五号准确进入预定轨道。这是中国首次进行载人航天飞行。乘坐神舟五号载人飞船执行任务的航天员是 38 岁的杨利伟，他是我国自己培养的第一代航天员。在太空中围绕地球飞行 14 圈，经过 21 小时 23 分、60 万千米的安全飞行后，他于 16 日 6 时 23 分在内蒙古主着陆场成功着陆返回。2005 年 10 月 12 日，我国第二艘载人飞船神舟六号于 12 日 9 时整在酒泉卫星发射中心升空，这也是我国第一次将两名航天员费俊龙、聂海胜同时送上太空。2008 年 9 月 25 日，我国第三艘载人飞船神舟七号成功发射，三名航天员翟志刚、刘伯明、景海鹏顺利升空。27 日 16 时 48 分，翟志刚在太空迈出第一步，并进行了 19 分 35 秒的出舱活动。2011 年 11 月 1 日 5 时 58 分，神舟八号成功发射，其主要任务是与天宫一号对接。升空后两天，与 9 月 29 日发射的天宫一号目标飞行器进行了空间交会对接，标志着中国成为继苏、美后第 3 个自主掌握次自动交会对接的国家，也标志着中国已经初步掌握了自动空间交会对接技术。2012 年 6 月 16 日，我国第四艘载人飞船神舟九号于 18 时 37 分 24 秒成功发射，三名航天员景海鹏、刘洋、刘旺顺利升空，航天员景海鹏第二次参加飞行任务；刘洋成为中国首位参加载人航天飞行的女航天员。2013 年 6 月 11 日，我国第五艘载人飞船神舟十号于 11 日搭载三位航天员飞向太空，飞行乘组由男航天员聂海胜、张晓光和女航天员王亚平组成，与天宫一号进行成功交会对接。2016 年 10 月 17 日，在中国酒泉卫星发射中心发射了我国第六艘载人飞船神舟十一号，航天员景海鹏、陈冬，与天宫二号自动交会对接成功，进行宇航员在太空中期驻留试验，驻留时间首次长达 30 天。2021 年 4 月 29 日，中国空间站天和核心舱发射入轨，标志着中国空间站建设进入全面实施阶段。2021 年 5 月 29 日，天舟二号货运飞船成功发射，自主快速交会对接于天和核心舱。2021 年 6 月 17 日，神舟十二号载人飞船升空，航天员聂海胜、刘伯明、汤洪波成为中国空间站首批"访客"并于 9 月 17 日凯旋。2021 年 9 月 20 日，天舟三号货运飞船升空并与天和核心舱及天舟二号货运飞船组合体交会对接。2021 年 10 月 16 日，航天员翟志刚、王亚平、叶光富乘坐神舟十三号载人飞船升空，成为中国空间站第二批"访客"。

图 1 - 2

又如：在教学原子核结合能的知识时会与学生一起回顾"中国核工业发展的历史镜头"。1964 年 10 月 16 日，我国成功爆炸第一颗原子弹，中国响起了一声震惊世界的惊雷！1967 年 6 月 17 日，我国成功爆炸了第一颗氢弹。1971 年 9 月，第一艘核动力潜艇下水。1991 年 12 月 15 日，我国自行设计、建造和运行的首座核电站——秦山 30 万千瓦压水堆核电站成功并网发电。1994 年 12 月，我国第一座百万千瓦级核电站——大亚湾核电站建成投产。秦山二期、秦山三期、广东岭澳、江苏田湾、浙江三门……目前，中国核电装机容量达到 870 万千瓦，每年可提供几百亿千瓦时的电量，2003 年年底累计发电量占全国总发电量的 2.3%。在 50 年的发展历程中，中国核工业经过两次艰苦创业，成功研制了原子弹、氢弹、核潜艇，改写了中国没有核电的历史，建立了完整的核科技工业体系，发展了核电、核燃料、核技术应用三大产业，为国防建设和国民经济建设做出了重大贡献。"两弹一艇"——中国人的腰杆子更硬了。邓小平同志评价说："如果 60 年代以来中国没有原子弹、氢弹，没有发射卫星，中国就不能叫有重要影响的大国，就没有现在这样的国际地位。这些东西反映一个民族的能力，也是一个民族、一个国家兴旺发达的标志。"核电站——经济发展的有力"助推器"。

二、在物理教学中渗透美育

大自然到处都有美的存在，美丽的花朵在阳光下绽放、笔直的松树展开它美丽的枝叶、湖边的垂柳与水中的倒影相互衬托迎风飘扬，甚至可以看见雨后的彩虹……花朵、松树、彩虹等除了颜色让人赏心悦目，最重要的是它们的形状让我们的感官愉悦，它们看上去让人感觉匀称、比例协调。花瓣形、圆形、星形这些图形就是对称图形。试想，如果一朵花少了一片花瓣，那是多么遗憾的事！如果物理教学过程中多留个心眼儿，进行适当的想象和巧妙的引导，就可以让学生在学习物理的过程中感受到科学知识的和谐之美、简洁之美、对称之美、统一之美、探索之美、实验之美、哲学之美、人格之美。

例如：在光学教学中渗透的美育：光在从一种介质传播到另一种介质时，在两种介质分界面会发生光的反射和折射。先说说光的反射，在生活中我们之所以能够见到物体是因为物体的表面对光有反射作用，当物体反射的光线进入了我们的眼睛时，我们就看到了物体。磨光的金属、漆面很好的物体看上去光亮耀眼，砖瓦、石头看上去黯淡，这些现象是由于不同的表面反射光的情况不一样。平整光滑的物体表面发生的反射现象，我们称为镜面反射。平面镜成像就是我们日常生活中最常见的镜面反射成像，其特点有：

（1）像与物体的大小相等；像的位置与物体的位置的连线与镜面垂直。

（2）平面镜所成的像到镜面的距离（像距）与物体到镜面的距离（物距）相等。

（3）平面镜所成的像是虚像。

（4）像和物体以平面镜为轴对称。

在完成以上的知识教学后，教师应该很自然地过渡到物理学对称美的教育。可以展示"广州亚运会开幕式场地——海心沙夜景图片"（图1-3）：在喷水池边面对美丽的广州夜景情不自禁拍摄的照片，平静的水面像一面巨大的镜子，把远处布设着绚丽多彩灯饰的高楼大厦对称地复制了一份，在空间上延伸了美丽的城市夜景。

图 1-3

　　然后再让学生仔细观察图 1-4，图中拍摄的是高楼大厦的玻璃幕墙。工人们在洗刷摄影师所在的高楼的玻璃幕墙，摄影师拍摄下了对面高楼大厦的玻璃幕墙中所成的像，像中工人在辛勤地劳动。右下角的工人在像中变成了两个人，左上角的工人在像中有两只右手；左边的马路变得断断续续；汽车和路边的围栏都变成双份的了。这么美丽的图案是什么原因形成的？

图 1-4

　　我们先从光的直线传播说起。光在同一种介质中沿直线传播的现象最早由春秋战国初期伟大的思想家、政治家、自然科学家——墨子发现，小孔成像中像和物体相对小孔为对称关系，当然这里只是形状和大小并不一样的相似对称，这体现了光学成像图形的对称美。

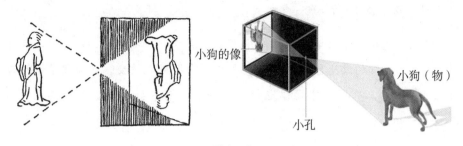

图 1-5

在日常生活中有很多镜面成像的例子：平静的湖面、水面上的山、树木、建筑物的倒影；城市高楼大厦玻璃幕墙的镜面反射成像。前面我们在观察玻璃幕墙照片时发现许多奇怪的现象，其实是由于玻璃幕墙是由很多块玻璃组成的，玻璃表面十分平整光滑，当光由空气介质射向玻璃介质时在分界面上发生镜面反射（当然还有部分光线透射进去），每块玻璃镜面角度不完全一样，同样一个物体在两块不同角度的玻璃镜面上所成的像的位置也不一样。

例如：带电粒子在电场中的运动规律与粒子的初始状态有关。质量为 m、带电量为 q 的粒子由静止开始在匀强电场中沿电场线运动，由动能定理可知电场力对粒子做的功等于粒子动能的增量（$qU = \dfrac{1}{2}mv^2 - 0$），所以可得到粒子经过电场加速后的速度为 $v = \sqrt{\dfrac{2qU}{m}}$。带电粒子在匀强磁场中的运动规律与粒子的初始状态有关，具体如下：如果带电粒子原来静止，它即使在磁场中也不会受洛伦兹力的作用，因而保持静止；如果带电粒子运动的方向恰与磁场方向在一条直线上，该粒子仍不受洛伦兹力的作用，就以这个速度在磁场中做匀速直线运动；如果带电粒子运动的方向与磁场方向垂直，该粒子受洛伦兹力 f 作用（$f = qvB$，式中 q 表示带电粒子所带的电量，v 表示粒子速度，B 表示磁感应强度），带电粒子在垂直于磁场方向的平面内以入射速度 v 做匀速圆周运动。带电粒子在匀强磁场中做匀速圆周运动的三个基本公式：

（1）向心力公式：$qvB = m\dfrac{v^2}{R}$

（2）轨道半径公式：$R = \dfrac{mv}{Bq}$

（3）周期公式：$T = \dfrac{2\pi m}{Bq}$

正因为带电粒子在电场和磁场中有直线加速和圆周运动的特点，再加上电场、磁场方向的改变使带电粒子的受力方向也随之改变，就使得它的运动轨迹变化多端，根据物理规律进行规范作图，常常会发现以下有趣的对称图形。

花瓣状：如图 1-6 所示，两个共轴的圆筒形金属电极，外电极接地，其上均匀分布着平行于轴线的四条狭缝 a、b、c 和 d，在圆筒之外足够大的区域中有平行于轴线方向的均匀磁场，在两极间加上电压，使两圆筒之间的区域内有沿半径向外的电场，一带电粒子从紧靠内筒且正对狭缝 a 的 S 点由静止出发，粒子在满足一定的条件下经过一段时间的运动之后恰好又回到出发点。则带电粒子在电场和磁场中经过一个周期的运动又回到原来出发的位置所呈现的图形如下。怎么样？很美丽的花瓣吧，如果我们再给它涂上颜色，不就是一朵盛开的花朵吗？

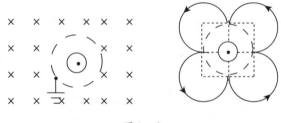

图 1-6

水滴状：如图 1-7 所示，空间分布着有理想边界的匀强电场和匀强磁场。一个带电粒子从电场上边缘的 O 点由静止开始运动，在满足相应条件的前提下，穿过中间磁场区域进入下侧磁场区域后，又回到 O 点，然后重复上述运动过程。带电粒子在电场中加速，再经过两个磁场的偏转，最终返回 O 处，形成一滴"蠢蠢欲动"的小水滴。

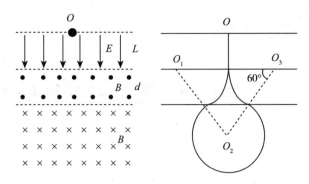

图 1 - 7

在物理教学中渗透德育、美育，对学生进行立德树人的教育，关键点是切入是否合理平顺、与教学的主线融合是否恰当，最高的境界当然是"润物细无声"，我们一起来努力吧！

第三节　高中物理课堂教学评价改革

课堂教学是否符合核心素养培养的要求将直接影响课程改革的成功与失败。探索能促进学生核心素养发展的课堂教学改革，建立基于核心素养的高中物理课堂教学评价，对教师的课堂教学过程进行科学有效的评价，树立一个正确的导向，是进一步推进课程改革的关键。

一、课堂教学评价的意义

教学活动是教师教的活动和学生学的活动的有机统一。对于学生学的活动来说，不论是明确学习目的、感知学习材料、理解所学知识、掌握学科方法、迁移运用知识、反思学习过程，还是在过程中提出问题、分析问题、师生互动、生生互动等，其核心活动都是思维。对于教师教的活动来讲，明确教学目标、了解学生基础、进行教学设计、创设教学情境、组织教学活动等，其核心活动也是思维。思维活动是师生的核心活动，原有的课堂教学评价方式已经不能适应新的课程改革要求。

评价的改革是核心素养落地的最直接、最重要的保证。只有建立以学科核心素养为导向的考试评价体系和课堂教学评价体系，学科核心素养才能得到真正落实。课堂教学评价是对教师的课堂教学过程进行的评价，主要是对教师课堂教学的行为及教学效果所进行的价值判断。国家教育发展规划和课程标准已经给我们的课堂教学提出了方向。如何较好地在课堂教学中发展学生的核心素养？如何让教师们顺利地从 2004 年新课标"三维目标"课改理念过渡到现在"核心素养"理念的课堂教学改革中？如何通过系统、科学的课堂教学评价来引导教师落实立德树人根本任务？这三个因素是我们选题的主要依据。我们认为基于核心素养的课堂教学评价能够给予教师发展性评价，期望通过对教师的课堂教学进行评价、讨论、反思，让被评教师的教学技能和教学水平得到提高，为教师之间相互交流、发现各自的优缺点提供机会，助力教师专业发展，最终让核心素养教学理念在高中物理课堂教学中落地生根、结出硕果。

二、课堂教学评价的理论依据

1. 中国学生发展核心素养

2016年9月，中国学生发展核心素养研究成果发布会在北京师范大学举行，会上公布了中国学生发展核心素养的总体框架及基本内涵。中国学生发展核心素养以"全面发展的人"为核心，是指学生应具备的、能够适应终身发展和社会发展所需要的必备品格和关键能力；是关于学生知识、技能、情感、态度、价值观等多方面要求的综合表现；是每一名学生获得成功生活、适应个人终身发展和社会发展都需要的、不可或缺的共同素养。其发展是一个持续终生的过程，可教可学，最初在家庭和学校中得到培养，随后在一生中不断完善。

2. 物理核心素养

（1）物理观念：是从物理学视角形成的关于物质、运动与相互作用、能量等的基本认识；是物理概念和规律等在头脑中的提炼和升华；是从物理学视角解释自然现象和解决实际问题的基础。有利于形成经典物理的物质观、运动观、能量观、相互作用观，并且能用来解释自然现象和解决实际问题。

（2）科学思维：是从物理学视角对客观事物的本质属性、内在规律及相互关系的认识方式；是基于经验事实建构理想模型的抽象概括过程；是分析综合、推理论证等方法的内化；是基于事实证据和科学推理对不同观点和结论进行质疑、批判、检验和修正，进而提出创造性见解的能力与品质。

（3）科学探究：是指基于观察和实验提出物理问题、形成猜想和假设、设计实验与制定方案、获取和处理信息、基于证据得出结论并做出解释，以及对科学探究过程和结果进行交流、评估与反思的能力。

（4）科学态度与责任：是指在认识科学本质，理解科学、技术、社会、环境关系的基础上，逐渐形成对科学和技术应有的正确态度和责任感。"科学态度与责任"主要包括科学本质、科学态度、社会责任等要素。

3. 多元智能理论

多元智能理论（the Theory of Multiple Intelligence）简称 MI 理论，是由美国哈佛大学的心理学教授霍华德·加德纳（Howard Gardner）根据他及同事多年对人类潜能的研究，于 1983 年提出的一种关于智力及其性质和结构的新理论。加德纳认为，智力结构由七种智力组成，即语言智力、音乐智力、数理逻辑智力、空间智力、身体动力智力、人际交往智力和自我认识智力，这七种智力彼此相互联系又相互独立，每种智力由不同的核心功能组成，并以不同的形式得以表现和发挥，每个正常的人都或多或少地拥有这七种智力。多元智能理论下的教学与学习的视野有了根本性的转向：教学过程的生成性、教学目标的全面性、学生角色的主动性等。

4. 发展性教学评价

发展性教学评价是一种重过程、重视评价对象主体性的，以促进评价对象发展为根本目的的教学评价。它是一种主体取向的评价，基本特征为价值多元、尊重差异。一是评价主体多元，强调多方参与和互动、自我评价和他人评价相结合；二是重视综合评价，关注个体差异，实现评价的多元化。

三、课堂教学评价的发展过程

国外最早的课堂教学评价目的是提高教师的课堂教学质量。19 世纪初，德国著名的教育家赫尔巴特提出以教师为中心、教师系统传授、学生一味地接受书本知识的教学模式，即以教师为中心的教学模式。19 世纪末，美国教育家杜威提出以学生、活动、经验为中心，倡导师生共同参与教学过程的教学方式。20 世纪 30 年代，苏联教育家凯洛夫提出教学过程的五个基本阶段和与之相对应的课堂教学结果，教学评价主要强调对教师的教学评价。20 世纪 50 年代，教学评价进一步发展，开始用课堂观察方法取代追求数量化的教学评价等级量表，这种课堂观察法能够为课堂教学评价提供翔实的信息。20 世纪 60 年代以来，教育家把有效教学研究的对象由最初的教师的行为转到学生所取得的成绩上。学者们通过观察对课堂教学中教师的行为进行归纳和总结，并与学生取得的成绩进行统计分析，区分出有效教学行为和无效教学行为。20 世纪 90 年代后，国外的课堂教学评价开始重视教师的专业素养，强调教师的专业发展对课堂教学效果的影响，指出教学评价的目的是促进教师的专业发展。进入 21 世纪后，世界各国对课堂教学评价的研究不仅注重教师的课堂教学行为，也注重学生的学习行为，如学生在课堂中获得的学习机会、学生参与的广度和深度等。课堂教学评价的研究学者开始关注整个课堂中教师和学生的行为，并积极构建科学合理的评价指标体系，对课堂教学做出恰当的评价，以促进教育教学的发展。

20 世纪五六十年代，我国的教育教学理论深受苏联的影响。对课堂教学评价标准的认识同样受到斯卡特金、巴班斯、凯洛夫基等教育家的影响。随着改革开放的推进和教育的国际化，我国的课堂教学评价迅速发展起来。20 世纪 90 年代后，我国的课堂教学评价理论发展迅速，主要有两种评价方式：一种是注重对学生的评价，根据学生在课堂上的表现来进行评价；另一种是从教师的角度对课堂教学进行评价。21 世纪以来，我国进行了全面的基础教育改革，随着课程改革的深入，各地教育部门也在对课堂教学评价进行研究和探索。目前课堂教学评价的主要目的是促进学生的全面发展和教师专业素养的提高，国内学者对课堂教学评价的研究主要表现在以下几个方面。

1. 物理课堂教学评价的定义

由于对课堂教学存在着多种理解，所以课堂教学评价没有一个统一和明确的概念，但是反映出的实质是一样的，即课堂教学评价包括对教师的教和学生的学两个方面做出评价。课堂教学评价是对一节课的教学进行评价，在每一节课当中都有教与学的过程，一节课结束后就相应地会产生一种即时效果，这种即时效果和课堂教学过程就构成了我们课堂教学评价的内容。

2. 物理课堂教学评价的主体与客体

我国传统的物理课堂教学评价主体比较单一，在课堂教学中评价的主体主要有两类：一类是课堂外的主体，包括学校领导和物理教育方面的专家，其评价的客体主要是教师教的过程，包括教师知识点的传授是否明白、通俗易懂，教学技能的应用是否正确等；另一类是物理教师自身，其评价的客体主要是学生学习物理知识的结果。20世纪80年代后期，我国开始了评价主体的多元化，使课堂教学评价更加真实。将物理教学过程本身、教师与学生的互动、学生在课堂中的表现情况等都作为课堂教学评价的范畴，对物理课堂教学的评价不再只局限于评价人和对物理知识的掌握情况，而是评价整个课堂教学，包括教师的教、学生的学、教学过程和教学环境等。

3. 物理课堂教学评价的标准

物理课堂教学评价标准是评判"什么样的物理课是一堂好课"的依据。物理课堂教学评价标准有下列三种：一是从课堂教学评价的目标、内容、过程、方法等要素综合评价课的质量；二是从课堂中学生学习的表现与效果综合评价课的质量；三是介于两者之间的课堂教学评价模式。

4. 物理课堂教学评价功能的研究

长期以来，我国的物理课堂教学评价的主要功能是针对教师的，注重对教师进行管理和选拔，而忽视了其主要的教育功能。随着教育评价的进一步改革和新课程的推进，物理课程专家对课堂教学评价的功能进行重新审视，通过对课堂教学进行评价，使教师对自己的教学活动进行反思，不断地促进自己和学生的发展。

5. 物理课堂教学评价方法的研究

由于受到苏联教育思想的影响，我国的物理课堂教学评价方法采用的是课堂教学评价量表。随着我国对课堂教学评价理念研究的深入，在评价方法上表现为量化评价与定性评价相结合。

国内学者现有的研究贡献主要有以下几个方面：研究理论基础多元化，从心理学和教育学等多个视角看待问题，从而增加了对课堂教学评价的整体把握；研究方面较为开阔，涉及课堂教学评价的方方面面；研究方法逐渐科学，从思辨研究到实证研究，再到量的研究与质的研究相结合。对课堂教学评价的研究，强调以发展性评价为主，虽然取得了一些成果，但也存在一些问题。从相关文献中可以看出，目前对课堂教学评价的研究大多数是基于评价的某一方面或某一角度进行的，例如对课堂教学评价理念、原则、方法和实施的研究，对课堂教学评价指标体系的研究，对课堂教学评价标准的研究，对教师的课堂教学行为的研究等。

通过查询中国知网，发现较多的研究是课堂评价，即教师在课堂教学中对学生的即时评价，较少涉及对教师的课堂教学过程的评价。从整体上看，现在对课堂教学评价的调查研究很少，具体到物理学科的就更少。由于核心素养理念是近几年才提出的，基于核心素养理念编写的《普通高中物理课程标准》于 2017 年 12 月颁布，基于新的课程标准编写的新教材经过教育部的审核在 2020 年 9 月正式出版使用。在中国知网里没有查询到基于核心素养的高中物理课堂教学评价的研究，所以基于核心素养理念对课堂教学评价进行研究具有十分重要的现实意义和创新性。

【教学案例】

从学生感兴趣的物理课谈自主高效课堂

在连续四次中段教学检查中，经过抽样调查，学生感兴趣的物理课程内容统计如表 1-1（有的班选择了多项感兴趣内容）。

表 1-1

感兴趣的内容	初中	高一	高二	高三
有趣的实验	42%	33%	50%	—
老师幽默生动的讲解	33%	15%	38%	50%
解题技巧方法	17%	24%	25%	56%
知识拓展	17%	15%	42%	31%

从表 1-1 可以知道学生感兴趣的物理课程内容主要是有趣的实验、老师幽默生动的讲解等。课堂组织教学是展现教师综合素质的舞台，在教学过程中需要教师充分利用课堂资源，以教材作为"剧本"，给学生创设一个个情境、一个个悬念，激发学生的学习兴趣。自主高效课堂的最终目的是将知识转化为学生学习技能，为他们一生的学习和发展打下基础。我应该让我的孩子们学会什么，提升哪些方面的能力？他们将来能不能还喜欢我们所教的学科？这些都应该成为自主高效课堂的评价指标之一。自主高效课堂其实并不一定有什么固定的模式，但却应该有比较实用的教学风格。下面我将从五个方面来谈自主高效的物理课堂。

一、教学目标科学合理

高中物理课程的教育目的侧重于提高全体学生的科学素养，需要从知识与技能、过程与方法、情感态度与价值观三方面培养学生，为学生终身发展、今后能应对现代社会和未来发展的挑战奠定基础。物理课堂教学目标的确立要以促进学生的发展为宗旨，从"知识与技能""过程与方法""情感态度与价值观"这三个维度来确立。

《普通高中物理课程标准》指出："高中物理课程应促进学生自主学习，让学生积极参与、乐于探究、勇于实验、勤于思考。通过多样化的教学方式，帮助学生学习物理知识与技能，培养其科学探究能力，使其逐步形成科学态度与科学精神。"教学目标的建立应体现新课程的先进教学理念。

任何一节课，都涉及教学内容的组织和表述，这种组织与表述都应当做到科学性与思想性相统一、逻辑性与系统性相统一，遵循可接受性原则，突出重点，分散难点，密度适宜，循序渐进。在教学过程中，要适时注意学生的接受情况，及时对教学内容进行微调，使教学内容紧密地与学生学习进程相适应。

二、教师主导与学生自主有效整合

德国教育家第斯多惠说："平庸的教师对学生转达真理，优秀的教师引导学生追求真理。"我们所处的时代是知识爆炸的时代，单凭教师的嘴能教给学生多少知识呢？知识更新速度如此之快，光教知识有什么用？教什么？"授人以鱼不如授人以渔"，让学生掌握获取、探究知识的方法最为重要。怎样教？教师在教学过程中应变"结果教学"为"过程教学"，培养学生的独立性和自主性，引导学生质疑、调查、探究，使学生的学习成为在教师指导下主动的、富有个性的、合作的过程。教师要注意做好下面三项主要工作。

1. 研读教材

我们经常说：给学生一碗水，教师要有一桶水。"一桶水"体现在教师对教材的理解程度以及与教材相关的知识的储备上。

2. 精心预设

"凡事预则立，不预则废。"自主高效课堂更强调课堂的生成。其实，课堂教学是一种有目的、有意识的教育活动，预设决定了课堂的连贯性和教学的系统性，它是生成的前提，直接决定了生成的质量。

3. 课堂生成

教学的效果最主要还是看学生的学习效果，而效果更多体现在学生通过这节课获得什么新的东西。最好能在课堂中出现学生与教师之间、学生与学生之间的思维碰撞，在碰撞中促使思维得到提升，收获更多意想不到的结果。

下面以我校物理学科吴玖丹老师在给中国教育学会物理教学专业委员会重点课题《中学物理教学中的有效探究教学与教师教学观念和教学能力发展的系统研究》中的一节研究课"弹簧的平衡问题"课堂实录（部分）以及我对这节课的点评作为课堂生成教学过程中教师的主导和学生的主体有效整合的例子：

同学们，我们今天这节是习题课。关于弹簧，我们接触很多，而跟弹簧相关联的问题也有很多。比如说和弹簧弹力相关联的有平衡问题、动态平衡，以及到后面将要学到的能量、动量等。因此，弹簧作为一个载体，涉及的知识点非常多，是高考的热点问题。今天，我们就以轻弹簧作为一个载体，来研究弹簧的平衡问题。那么对于一个弹簧来说，研究它的弹力，你需要关注什么问题？

师：对一个力来说，要关注什么问题？

生：要注意弹簧的形变量、弹性限度和劲度系数。

师：为什么要注意弹簧的形变量和劲度系数，这两个量有什么用？

生：可以计算出弹力。

师：对了。今天，我们研究弹簧的平衡问题。第一个讲到的就是弹力大小，怎么计算？

生：$F = kx$。

…………

师：好，这就是一个很简单的模型，涉及弹簧的平衡问题。下面请大家以小组为单位进行讨论：第一，就单个物体单个弹簧，你能想出多少种平衡的情况？其中可以利用到斜面等。第二，在这种情况下，如果物体要平衡，条件上有没有限制？比如说地面光滑等。第三，在这种情况下，分析物体整体的受力是怎样的，最后和大家分享你设计的模型。下面就给大家时间讨论。

学生分组讨论中……

师：能够想得越多种越好。

1组生1：要把那个物体画出来。

1组生2：角度。

2组生1：这个不是这样的。

2组生2：地面光滑，没有摩擦，光滑的话……

3组生1：弹簧是拉伸。

3组生2：你可以把这个力分解了。那么弹力加摩擦力等于重力向斜面方向分解的力。

生1：那也可以是重力的分力加上摩擦力等于弹力。

生2：也可以啊。两种情况……

…………

师：好，下面哪个组想先分享一下你们小组的设计图？首先可以派一位同学在这里做一个展示，另一位同学在黑板上将你们组的设计图画下来，讲讲在你所设计的情况下，物体要平衡，需要做什么样的假设，即对于平衡条件有什么限制。接着，在这种情况下，物体如果达到了平衡，请你对它进行受力分析，这时候弹簧的弹力是多大，弹簧是拉伸还是压缩，借此机会也可以复习平衡状态下的受力分析。好，现在，哪组同学上来和同学分享一下？

师：现在可以选一个图讲讲。

生1：这是一个杠杆，它支撑在地面上，用弹簧拉着一边，然后就平衡了。

师：可以直接进行受力分析。

生1：这里有个向下的重力，弹簧受到这边的拉伸，然后向下有个弹力。

师：这是个怎样的平衡？

生1：杠杆平衡。

师：杠杆平衡，这个初中有没有学过？

生：有。

师：好，同学们对于他的分析有没有异议？有没有问题？

生2：因为有个倾角，摩擦力可能不够大，如果 $\mu < \tan\theta$ 的话，木块可能会下滑。

…………

黄爱国老师的点评：吴老师在这一节课中，对自主高效课堂的"课堂生成教学"做了很好的尝试。课堂生成教学是一种情境式、体验式、生活式的教学模式，它关注结果，更关注学生在学习中"琢磨"和"打磨"的过程，是一种符合学生认知规律、能较大限度地发展学生思维的先进的教学理念。整节课围绕着一根弹簧与物体组成的系统的平衡问题，由学生自主探讨、自由发挥，得出许多种弹簧平衡的模型，同时也带出了更多的受力分析、运动、弹簧形变等平衡的新问题。学生在课堂讨论交流过程中，思维活跃、气氛热烈。虽然学生的思维是发散的，但在老师的主导下，始终能紧紧围绕整节课的中心问题进行思考和交流，给学生的思维发展创造了无限大的空间。

三、多媒体组合运用恰当合理

课本、黑板、实物投影、实验仪器、挂图、模型、计算机教学课件、网络信息等都是物理课堂教学的媒体。现代信息技术的发展和普及给物理教学提供了更多的教学媒体。一节好物理课应该将现代信息技术新媒体与传统媒体合理恰当地组合运用，共同参与传递教学内容，达到教学过程最优化。我们应该避免走进备课就是制作教学课件的误区里，教学课件也只是物理课堂教学众多媒体中的一种。教学课件中的动画可能让学生产生兴趣，但也可能占据了学生思考的时间；教学课件加大和加快了教学的容量和进度，那相应而来的就是学生动手做笔记的时间少了，知识不能巩固，从而使学生在中学阶段应当大力培养的抽象思维能力得不到充分发展。现代信息技术并非用得越多越好，要以"促进教学目标的达成"为原则，恰当合理地选择教学媒体。

例如：2011年暑假参与广东省中小学教师继续教育网的课例点评。其中在《平抛运动》课例中，教师主要是通过计算机模拟验证小球做平抛运动的规律，通过课件推导平抛的运动规律。整节课的信息都是从PPT课件中呈现出来的，这种方式虽然便捷但是有很多很好的东西并没有得到呈现。平抛竖落仪是中学物理教学中一种很普遍的仪器，不管分组实验还是观看演示都能够达到非常好的效果，学生通过实践能够体验出物体平抛运动在竖直方向的分运动与自由落体的运动是一样的，所以在这里选择实验器材作为教学的媒体更高效。如果在黑板上逐步呈现出推导平抛物体运动规律的过程，使学生更清晰平抛的运动规律，用黑板作为教学媒体也比 PPT 课件更为高效。

四、探究过程合理有序高效

《普通高中物理课程标准》将科学探究作为课程改革的突破口，特别强调科学探究在物理课程中的作用，将学习重心从知识的传承积累向知识的研究过程转化，从学生被动接受知识向主动获取知识转化。按照新课程标准和课程设计理念，在课堂教学中要放手让学生积极主动参与、乐于探究，挖掘学生的创新潜能，培养学生的创新能力。一节好物理课的科学实验探究过程应该在教师的引导下合理有序地进行。

1. 选择恰当的探究内容

根据实际情况，有些内容是抽象的，很难通过简单的探究活动概括出来；还有一些内容，由于材料、设备或者学生学习准备等情况的限制，不能进行探究。另外，要考虑到探究内容的选择应符合学科知识、体系的要求，符合学生能力的逻辑发展，以及教学计划的安排。

2. 创设清晰的物理情境

影响学生学习的最重要的因素是学生头脑里已有的东西。学生的大脑并不是一张白纸，生活使他们积累了许多经验，大众媒体也给了他们许多知识。因此，教师对学生的原有知识结构要有一个正确的估计，在创设情境时，要剖析学生原有的知识结构，找到切入点，并加以合理的应用。通过创设清晰的物理情境给科学探究实验做一个好的铺垫。

3. 做有效的引导

在探究教学中应发挥学生的主体地位，但这并不等于学生就一定能自主地开展探究性学习，如果缺乏教师的引导，仍不会有好的教学效果。因此，教师要通过有效引导，让学生在一个个有序的阶梯状的问题中逐步进行探究学习。教师在引导的过程中要做到准确、适时、有效，使学生真正从探究中有所收获，增进对自然规律的认识，促进科学素养的提升。

例如：讲到"电场线"时让学生探究电场线概念的建立过程。从最简单的正点电荷电场入手，用带箭头的线段来表示各位置检验出的电荷受到的电场力，学生由电场强度的概念知道，此方向也是该点的电场强度的方向。学生面对如图1-8所示的一片密密麻麻的箭头时，他们自然想到该如何简化？探究到此，电场线的概念就已经呼之欲出了。例如，在讲"超重和失重"时，教师引导学生从受力分析开始，利用前面学过的牛顿运动定律一步步地推导出超重和失重的数学表达式。学生经历数学推导的理论探究后，抽象思维得到了训练，对物理规律有了更加深入的定量认识，从而培养了学生科学探究时严谨的科学态度和严密的探究思维能力。

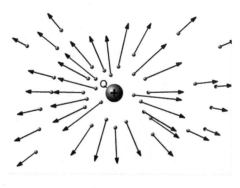

图 1-8

五、教师教学艺术精彩多姿

教学不但是一门科学，同时又是一门艺术。教学艺术水平的高低，反映了教师教学基本功以及其他相关能力的强弱。

（1）教师的语言表述应当准确、清晰、简练，富有感染力和吸引力。无论口头语言、面部语言（表情）还是身体语言（动作），都是人与人进行交流的工具，也是正常人用来思维的武器。因此，在课堂教学中，教师生动的口头叙述、丰富的面部表情、极具亲和力的师生情感互动，是创设良好教学情境的重要条件。

（2）教师的操作技能如板书、作图、实验操作、计算机演示等应当熟练规范。教师的书写应纲目有序、工整适时、布局合理，作图和演示应动静结合、清晰形象、生动美观。

（3）教师应具备较高的驾驭课堂教学的能力，机敏、恰当而又果断地处理好课堂教学中出现的问题。教师应做到仪表端庄大方、教态质朴自然，努力使课堂气氛热烈和谐。

"教学永远是一门遗憾的艺术。"任何一堂课都不可能上得十全十美，当你课后反思的时候，总会觉得有一些不足和遗憾。教学过程是传授知识、技能、方法的过程，作为教师，在课堂教学中，培养学生学习能力，使学生想学、会学、乐学，并交给学生一把打开知识大门的钥匙，就不失为一堂自主高效的好课。

第四节　高中物理校本教研助推课堂教学改革

校本教研，是为了改进学校的教育教学方式，提高学校的教育教学质量，从学校的实际出发，依托学校自身的资源优势和特色进行的教育教学研究。校本教研强调围绕学校自身遇到的问题开展研究，目的是改善学校实践、提高教学质量、促进教师和学生共同发展。高中物理校本教研主要是围绕高中物理教师所面对的各种具体问题，以高中物理教师为研究的主体，在理论指导下的实践性研究。其既注重解决实际问题，又注重经验的总结、理论的提升和教学规律的探索。

一、教学研究

教学研究是对课堂教学工作的研究，以研究改进教学工作为目的，讨论及制定课程设置方案、教学进度计划，研究教材处理、教学内容及教学方法等问题。教学研究是校本教研的重要组成部分，凡是教师在教学过程中涉及的一切问题都可以作为教学研究的课题。

1. 教材教法

教材教法的研究主要是对教学内容做出全面的分析，使教师领会教材的编写意图，了解教材各个部分在整个学科中所处的地位，具体分析教材的知识结构和智力因素，明确教学目标和要求。根据教材的特点和教学原则，结合教学实际，研究如何突出重点和突破难点、如何设计合适的教学方法，以提高教学效果。教学研究一般是备课组集体研究和个人研究相结合，备课组集体研究学期的教学进度、教材处理、教学内容的重难点等宏观的问题，个人在备课组研究的基础上对教学方法的设计、习题的选择等细节再做进一步的研究。

【教学案例】

"探究匀变速直线运动规律" 教材教法研究案例

一、提出问题

新课程高一物理必修1教材第二章"探究匀变速直线运动规律"采用探究式教学方式,从特殊的自由落体运动出发,探究匀变速直线运动的一般规律;传统教材对这一章的处理采用验证的教学方式,先介绍匀变速直线运动的规律,再由一般规律研究自由落体运动的运动性质。孰优孰劣?通过教学研究进行比较,以促进教学方法的改进。

二、研究过程

1. 在两个平行班 A 班和 B 班实施两种不同的教学方式:A 班使用新课程探究式教学方式;B 班使用传统的验证式教学方式。

2. 教学效果比较

前测:将第一单元测试成绩作为前测结果进行比较。

表 1－2

班级	样本数	最低分	最高分	平均分
A	52	41	97	78.8
B	52	39	96	76.1

后测:第二单元"探究匀变速直线运动规律"测试成绩比较。

表 1－3

班级	样本数	最低分	最高分	平均分
A	52	42	96	76.7
B	52	43	98	79.4

第二次测试结果与第一单元的测试结果截然相反,无论最高分、最低分还是平均分,B 班均优于 A 班。

3. 分类分析

从统计结果可知,不同教学方式对学优生、中上层生、中等生影响较大,对于中下层生和学困生影响不大。对于中下层生和学困生来说,无论哪一种教学策略，都不能使他们很好地理解和接受知识，教学策略的调整对他们影响不大。对于学优生、中上层生及中等生来说，统计结果不相关是有意义的，好的教学策略更能帮助他们进步。A 班学生的退步，说明探究式教学方式并不如验证式教学方式适合学生。

4. 学生访谈

在 A 班随机抽查几位学生进行访谈，谈对本章学习的感受：感觉有点乱，思路没有那么清晰；方法很多，不知道选用什么方法好；习题课过少，需要老师进一步帮助整理归纳；上课速度过快，需要时间思考。

三、研究结论

综合上述测试及学生的访谈，探究式和验证式两种教学方式优劣比较：

表 1-4

教材教法	优点	缺点
新课程教材探究式	按照科学探究的步骤与过程，像科学家那样发现问题、研究问题；充分讨论，相互合作，收获解决问题的喜悦。每节课都环环相扣，增强学生课后继续探究的兴趣。对学生创新能力的培养有一定的帮助。	需教师适当引导，设置合适问题；耗时多，学生的讨论不能有效、充分地展开；没有较强的连贯性，需要教师不断提示启发。
传统教材验证式	教学过程流畅，符合一般思维逻辑，先掌握规律，利用已有的知识解决遇到的问题，学生不需要太多启发，便能学以致用。	学生按部就班，缺乏一种科学研究思维过程，没有着重培养学生创新能力。

学生更喜欢后一种教学方式，实施探究式教学方式效果差的原因集中在以下几点：

（1）高一物理课堂时间有限，课时较少，内容过多，要在有限的课堂内完成探究活动，时间往往不够，探究活动不能充分展开。而同样的时间若采用验证式教学方式，将可以挤出一节习题课，可方便教师在解题方法上进行进一步指导。

（2）探究式教学方式对知识的给予过程是让学生自己去发现、一点一点积累起来的，验证式教学方式则先告诉学生整个知识架构，让学生使用这个知识工具去解决问题。因此，学生对探究式教学方式接受起来可能会更困难一些。

（3）采用探究式教学方式还应对学生的学法做进一步的指导，让学生在完成一章学习后，学会自己归纳整理本章内容的脉络和架构。

因此，探究式教学应该减少教学内容，增加教学活动时间，并对学生进行学法上的指导，在课时不够充裕的情况下，验证式教学方式更有助于提高学生的应试能力。

（华南师范大学附属中学刘湘敏老师）

2. 课程设置

在学校的各类课程的设立和学时安排的前提下，科组做进一步的学科内的课程设置研究。学科课程的设置主要是教学内容在各年级的安排顺序。例如：有的学校在完成高中物理必修1和必修2后将选择性必修1"动量和动量守恒""机械振动""机械波"等内容进行提前教学，让学生建立完整的力学知识体系。将必修3的内容与选择性必修2和选择性必修3的相关内容结合在一起进行教学，是为了使电学知识学习一步到位，帮助学生将电学知识结构化。当然，教学内容的调整是基于学生的具体学情而进行的。若学生基础偏弱、学习能力不强，则采取教材的顺序教学，从易到难分两步走。基于核心素养理念的新课程标准增加了学生的选择性，要求学校根据学生发展需求和教师的实际能力开设校本选修课程，选修课程一般都没有固定的教材，需要简要规定选修课程的学习目标、学习内容和学习要求等。

【教学案例】

《高中物理实验探究》校本选修课程设置案例

一、教学目的

1. 使学生对高中物理实验基本仪器的实验原理、操作、实验方法有更进一步的了解，提高学生运用实验室设备和相应的实验方法来研究问题的能力。

2. 激发学生对物理学科的学习兴趣，培养学生的动手实验探究能力和创新思维能力。

二、课程内容（第一学期，20课时）

1. 实验操作规则与误差分析方法；长度的测量（一）米尺/游标卡尺。

2. 长度的测量（二）螺旋测微器；等效的长度测量方法。

3. 物理天平的使用；用流体静力法测量物体的密度。

4. 用打点计时器研究自由落体运动。

5. 测定弹簧的劲度系数。

6. 测定静/动摩擦因数。

7. 利用力传感器探究力的合成与分解（一）。

8. 利用力传感器探究力的合成与分解（二）。

9. 利用气垫导轨探究匀加速直线运动（一）。

10. 利用气垫导轨探究匀加速直线运动（二）。

评价方式：每次活动课的考勤情况和上课表现；实验过程、实验结果和实验测试。通过分析和综合上述两个方面的成绩，分优秀、良好和及格三个等级对学生进行评价。

（华南师范大学附属中学吴玖丹老师）

3. 专题教研

校本教研的专题研究就是在教学过程中需要对某一专门的教学问题做深入的研究。这种研究一般是突破宏观的教学难点，在教学理念、教学模式、校本教材、评价方式等方面探究出新的做法或总结出新的成果。专题教研经过确定研究问题→提出问题解决策略→教学实践研究→总结初步结论→再次教学实践研究，循环递进，最终形成结论。在研究的过程中，关键是教师作为教研主体参与整个教学研究过程，在每一个阶段都发挥自身的主体性。可以采用教师独立型、同事合作型和专家合作型等研究形式。

二、活动研究

《国家中长期教育改革和发展规划纲要（2010—2020年)》提出，要推动学校多样化发展，学校要有多样化、特色化的教学培养模式。多样化的教学培养模式除了在校本选修课程中体现，还在学校的"活动课程"中体现。活动课程涉及的内容极为广泛，有科技活动、学科竞赛、团队活动、社会活动、文艺活动、体育活动等系列。在科技活动中，物理科技活动占有特别重要的地位，物理学是一切科学技术的基础。科技活动和学科竞赛等是物理学科主要的活动课程，是培养科技创新人才和学科尖子的重要平台。

1. 科技活动

物理科技活动为学生在物理学科课程以外开辟了一条获得物理科技信息的渠道，为学生学习物理理论知识提供了丰富的感性认识素材，为中学教学创造了能够动手、动脑的环境，为学生提供了展示才华的舞台，是培养学生各种能力的好方法。物理科技活动过程一般有根据学校的安排或学科的需要（活动的意义）拟订活动内容→研究实施细则→形成活动方案→指导学生活动→组织展示比赛→颁奖总结→活动反思等几个步骤。物理科技活动的成功举行离不开物理教师前期的研究和组织。

【教学案例】

《华南师大附中"60秒科技创作竞赛"活动》研究案例

一、活动意义和内容

为了贯彻国家实施全面素质教育的方针，响应国家大力发展科技教育的号召，物理组在学校"科技节"活动中开展了"60秒科技创作竞赛"活动，要求在60秒时间里完成10个以上的物理、化学等方面的原创科技表演，作品应准确、清晰、自动、连续和安全地展示各个项目的表演过程，最终将2千克的实心球移动尽可能远。通过本次活动，培养学生的科技创作能力，让学生享受动手制作科技作品的成功和团结协作的快乐，提高学生科学实验素养。

二、准备阶段

教师讨论确定活动计划：由物理组教师组织讨论活动细则，形成活动方案。因涉及两个年级的上千名学生，历时近三个月，活动方案、教师指导、材料工具、经费预算和安全监控等都要做到全面细致、万无一失。

宣传动员：活动的宣传资料具备以下内容：主题、目的、时间、形式、内容、标准和评奖。分别在学校、年级和班级各层面开展宣传动员工作。由物理教师在物理课上利用5分钟的时间对各班进行动员，就活动的各个环节做出说明和解释。

三、学生创作，教师指导

1. 成立核心成员

由科代表和物理学习积极分子作为全班的活动核心成员，负责组织本班科技作品的制作。要让学生人人明确活动内容，形成学科学、用科学和爱科学的学习氛围。物理科任教师作为指导教师要全面掌握学生的创作进程，及时解决学生从产生创意到实际操作过程中所遇到的问题，同时物理科任教师还需要及时与班主任和年级组长进行沟通，以取得他们的支持。

2. 学生设计创作

设计创作时间约两个月。学生通常开始几天热情似火、盲目乐观，未预见到创作活动的复杂性和艰巨性，之后随着困难增多便垂头丧气。指导教师要下班级调查学生遇到的问题，参加小组讨论，为他们排忧解难，提供重要信息供学生参考，提供场地、工具材料方便学生使用。

四、组织表演评比

利用学校教学楼的架空层安置桌子和电源。学生在中午12点开始进场组装，下午3点半表演比赛开始。由4~5名教师组成裁判组，参加评审的教师裁判要统一评审操作标准，做好计时、表演节点统计、结果的测量和统分工作，根据现场表演逐项打分。如果学生在表演阶段由于仪器调试表演中断，可给学生重新调试然后再次表演的机会。

五、总结评奖

比赛结束后，按照评分评出金、银、铜三个奖项，最佳制作工艺奖、最佳制作设计奖。将创作日记和实践活动总结在班刊、级刊和校刊上发表。学生自拍的照片、视频短片等也复制上交，作为科技活动的原始资料进行存档。

六、活动反思

1. 教师的组织评审

在表演评审过程中，既要注意教师裁判的公正性和执行评审标准的统一性，又要保证学生表演的观赏性和重复性。许多表演过程稍纵即逝，环节多、转换多，表演非常快，有的还不可重复，需要教师高度负责、认真评审、公正评分，以免挫伤学生的热情和自尊心。

2. 表演中断的处理

有的班在表演时，由于准备不当或偶然失误表演中断，可以在最后让他们再表演一次。学生通过积极调试仪器获得表演的成功，会使他们产生心灵的震撼，情感将经历冰火两重天的洗礼。即使重新表演不成功，学生也已经尽了自己最大的努力，无怨无悔的情感体验可让他们躁动的心迅速趋于平静，教育的目的自然就达到了。

3. 注意安全问题

有的班利用化学反应产生气体，在密封情况下气体压强逐渐增大，强大的压力会把容器的活塞顶开，比如在一次调试时由于塞子塞得过紧，塞子没打出容器却破裂了，好在没有伤及同学。因此，教师应该提醒学生在创作过程中注意安全问题，一定要多次强调，并尽量到场指导。

（华南师范大学附属中学叶正波老师）

2. 学科竞赛

学科竞赛可以锻炼学生的智力、意志，可以使学生懂得更多的知识。学科竞赛可以锻炼学生的逻辑思维能力，为今后发展打下基础。为了进一步推进素质教育，激发学生学习物理的兴趣，发现并培养学科尖子，更好地促进学生的个性发展，需要充分挖掘优秀学生的智力潜能。物理科组应该针对自己学校的特点，在校内举行或参加校外的有关竞赛。校外的物理学科竞赛有全国中学生物理竞赛、泛珠三角物理奥林匹克竞赛和各地市举行的高一力学竞赛。学科竞赛的教师辅导、选拔学生、组织比赛等一系列活动也是校本教研活动的一个重要内容。学科竞赛是对物理尖子生因材施教的良好平台，也是教师个人专业发展的推动力和能力表现的一个舞台。

3. 专题讲座

随着时代的发展，教师的知识和教学理念需要不断更新和发展。走出去参观学习或到高等院校进修是一种途径，以请进来的方式在科组内做专题讲座从而向专家和优秀的同行学习也是一种很好的途径，同时也是一种很好的校本教研活动。专题讲座是教师们继续学习、开阔视野、提高业务素养的重要途径。

第五节 "互联网＋"时代的中学物理教学改革展望

"互联网＋"是以互联网平台为基础，利用信息通信技术包括移动互联网、云计算、大数据计算等与各行业进行跨界融合，构建连接一切的应用过程。云技术、物联网、大数据这些新名词改变了我们的生活方式，改变了我们的思维方法，改变了各行各业。互联网与教育的融合在十多年前就已经展开了，早在20世纪90年代末各名校开设的网校、近十年来各种教育机构建立的在线教育等，都是互联网与教育融合的形态。但是，这些互联网教育形式并没有形成自己独立的应用体系，仅仅作为学校教育的辅助，未有彻底的变革，不受学生、家长和教师的欢迎。

在未来的十年或二十年内，学校教育将从传统模式慢慢过渡到学校教育与"互联网＋教育"共存的新模式。以教师为中心的教育模式将转变为由学生主导、自主学习、互动游戏等新的教育模式。学校里更少的课堂与更多的实验室、更少的讲授与更多的交往、更少的灌输与更多的互动、更个性化的服务与更灵活的学制，将使未来学校在"互联网＋教育"里得到新生。

一、互联网＋物理课堂

传统课堂上，学生置身于盒子一样的课室。大多数时间里都是教师在讲台上站着讲、学生在下面坐着听。学生思维上的不同和天赋上的差距被忽略了，他们被要求做同样的事、保持同样的课程进度。现在学校正在开展的走班制教学改革，也只是让学生在课程上有了一些选择，在教学方式和学习方式上并没有多大的变化。

高中物理新课标要求"要致力于促进学生自主学习，创设学生积极参与、乐于探究、善于实验、勤于思考的学习情境。通过多样化的教学方式，引导学生理解物理学的本质，整体认识自然界，形成科学思维习惯，增强科学探究能力和解决实际问题的能力，逐步形成科学态度和正确的价值观"。

"互联网＋"时代的物理课堂应该放弃标准化的教育模式，让学生按照最适合自己的方式学习。用主动学习代替被动学习，通过自行掌控学习进度并借助教师辅导和亲身实验，学生可以学得更深入和更高效。

"互联网＋"时代的物理课堂，将教学与信息通信技术相结合，创造出了可持续、可复制、可管理的学习环境。课堂里各种异步活动同时进行，基本上所有的学生都在进行着不同的活动。我们的学生都在忙着自己的学习。有些学生在做实验，有些学生在他们的个人设备上观看教学视频，有些学生组成小组学习课程目标，有些学生在进行小组讨论，有些学生在学校的电脑或自己的设备上做同步习题，还有些学生在与教师进行一对一交流或小组交流。"互联网＋"时代的物理课堂除了原有的传统学习方式外，还将有下面几种学习方式。

1. 个性学习

学生按照自己的节奏结合课程目标和自己的学习兴趣自主完成一系列学习任务。例如，学生在高一阶段学习新高中课程必修 2《静电场及其应用》，若学有余力并对新高中课程选修 1-2《电势能与电势差》感兴趣，可以自主选择学习这部分内容。这部分学生在高二阶段就不需再学习这部分内容；对于部分学习存在困难的学生，可按课程结构学习，分两个年级完成对静电场内容的学习。

2. 广度学习

在完成课程目标的学习过程中还要学习许多与课程目标相关的知识，做到博览群书，追求宽广的知识面。例如，学完电势概念再学习均匀带电球壳、带电圆环等带电体的电势分布等。

3. 深度学习

通过查看和阅读多种版本的参考资料，经过自己的深入思考和钻研，透彻地了解物理规律的本质；对某个知识点所引申的问题刨根问底，并通过各种办法去解决这些问题，就是深度学习。例如，通过大学电磁学等参考书，学习高斯定理；通过高斯定理学会计算各种带电体的电场强度的分布，并利用这些结论推导出平行板电容器的决定式；然后学习各种类型的电容器，学会在实验室利用多种方法测量电容量等。（图1-9）

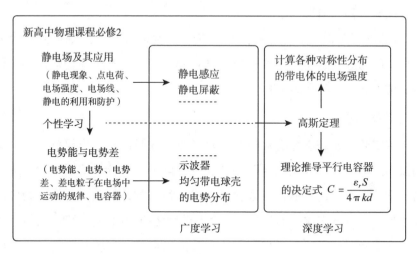

图1-9

4. 小组学习

小组学习是在前面三种学习方式中，有相同的学习进度或需要解决同一类问题时由学生自愿组合成一个小团体的合作学习方式。有时教师也会主动参与进来，在合作性的学习过程中，生生之间或者师生之间的交互活动是多边进行的。同学之间相互帮助，发挥群体的积极功能，有助于提高个体的学习动力和能力。

二、互联网＋物理实验

物理学是建立在科学实验基础上的。人们通过观察物理现象，定量测量物理量，并根据测量结果分析这些物理量之间的关系，从而实现对物理规律的认识和证实。从教育学的角度看，物理实验对于掌握自然科学、全面提高人的素质以及树立正确的世界观都是不可或缺的，在培养学生的创新精神和实践能力方面具有重要作用。

高中学生物理核心素养之一是实验探究能力，要求学生"具有科学探究意识，能发现问题、提出合理猜测；具有设计实验探究方案和获取证据的能力，能正确实施实验探究方案，使用各种科技手段和方法收集信息；具有分析论证的能力，会使用各种方法和手段分析、处理信息，描述、解释实验探究结果和变化趋势；具有合作与交流的意愿与能力，能准确表述、评估和反思实验探究过程与结果"。

"互联网＋"时代，由于技术的进步，实验内容和方式都得到极大的扩展。传统的物理实验与信息通信技术结合起来，将使学生在任何时间、任何地点都可以做各种各样的实验。

1. 传统实验

传统实验，就是学生或教师在实验室现场按照仪器操作规范完成一定目的的操作过程。在"互联网＋"时代，传统的分组实验、演示实验、随堂小实验、设计性实验，将随着课堂教学方式和学习方式的改变，做出相应的调整。物理实验室将变成一个各取所需而不需付费的"超市"，学生可以按照自己的需求或者课程目标的要求向实验教师提出申请，实验教师提供实验所需的器材，并帮助学生完成实验。任课教师根据全班学生的学习进度和学习内容提前在"超市"里取出相关的实验器材，在辅导学生或参与小组讨论时，通过演示实验帮助学生突破难点从而掌握相关的知识。

2. 远程实验

远程实验是通过网络信息通信技术将实体科学实验室中的设备连接起来，让世界各地的学生在计算机屏幕前通过网络远程控制实验室仪器设备，通过数据传输或视频传输实时将实验结果反馈回来。

荷兰的 PavolBauer 教授 2008 年研究电力教学的远程趋势，他对从电力发电到照明的几十种分布在不同大学的设备进行远程控制和学习，完成了虚拟和实体相结合的整体系统的课程学习。2010 年，欧洲科学家通过远程实验完成了 11 个欧洲国家的学生的实体机电一体化实验。学校的实验设备在物联网和云技术的支撑下，进一步发挥协作共享的作用。

3. 虚拟实验

早期的虚拟实验室是仿真实验，在计算机上用仿真软件模拟现实的效果，仿真实验开辟了物理实验教学的新天地。但由于仿真实验毕竟是虚拟的、假的，在学生的怀疑面前，仿真实验的说服力是先天不足的。

　　"互联网＋"时代的虚拟实验，是一种综合利用计算机图形系统和各种现实控制等接口设备，通过一种实时地计算摄影机影像的位置及角度并加上相应图像的技术，在计算机上生成的可交互的三维环境。把虚拟世界套在现实世界并进行互动，就是把学生的意识代入一个"虚拟＋现实"的世界，带给学生在真实实验室做实验的身临其境的感受。

　　目前，VR（Virtual Reality，即虚拟现实）和AR（Augmented Reality，即增强现实）这两项技术还处于体验阶段，且都是通过眼镜得以实现的（图1-10）。但是，VR和AR绝不会止步于此，未来VR和AR将在物理实验中占有一席之地。

图 1 - 10

三、互联网＋反馈评价

　　评价不仅是对学习结果的价值判断，还对学习的过程有明显的反馈作用，导向学习过程的不断修正，成为促进学生发展的媒介。通过反馈作用，评价的过程与学习的过程交互在一起，成为学生发展的必由途径。

　　高中物理新课标要求"要重视以评价促进学生的学习与发展，重视评价的诊断功能和激励功能，致力于创建一个主体多元、方法多样、既重视结果又重视过程的评价体系。提倡评价应关注学生的个体差异，帮助学生认识自我、建立自信，改进学习方式，提升物理核心素养"。在学习的过程中评价，促进评价过程和学习过程的融合是新课标给我们提出的要求。基于现有的教育模式和技术手段，对学生学习过程的真实性评价做得不够全面、不够彻底，大部分还是传统意义的终结性评价。在普遍运用大数据的"互联网＋"时代，学校教育的反馈和评价将会更加及时有效。

1. 反馈

学生在学习中使用的电子教科书、数字化讲座、各种远程实验和虚拟实验、各种线上线下测试、参与各种学校活动等，都将成为获取数据的平台。例如，学生在线学习时，可以通过大数据记录和追踪每名学生答对或答错了多少题、用了多长时间。通过大数据分析，教师可以适当调整课程结构和课程内容，对于学生学习中存在困难的内容可增加各种学习辅导资料或增加教师辅导时间等；通过大数据分析，每个阶段学生都能够及时获取自己的学习状态，并据此适时调整学习的进度和方向。

2. 评价

我们现在实行的高考改革将学生综合素质评价作为高校录取的依据之一，与美国宾州的做法有点相似。在美国宾州，有一个叫作 EDLINE 的网站，将学生的每次作业、每次考试记录在网上，完成学生的日常 GPA 积累。坚持存储下来的数据积累，对于学生、家长和教育管理非常重要，依靠 GPA 再加上学生的 SAT 和 ACT 所提供的分析报告及志愿者活动资料，就能决定学生的大学去向。

未来"互联网＋"时代的评价应该是以综合报告的形式在网络中呈现出来的。基于大数据环境下的学生评价综合报告应该包括：

（1）学生共性部分：学生的基本情况、各学科学习进度和成绩、作业完成情况、代表性的作业或实验报告、获奖情况、学生阶段性总结、任课教师的阶段性建议和评价、家长评价等。

（2）学生个性化部分：参加各种文艺、体育、社团或社会实践等活动的文字、图片或视频资料。

（3）横向比较部分：以匿名的形式展示同龄中自己在某一方面或整体表现突出的评价报告，以及整体学生表现的平均水平，让学生了解自己所处的位置，以及努力的方向。学生综合评价报告应伴随学生的整个学习进程动态不断更新。

在云计算、物联网、大数据的背景下，教育将变成一种数据支撑的行为科学。大数据时代的教育，将变成一门实实在在的实证科学。

四、互联网＋物理教师

高中物理新课标要求物理教师"帮助学生从物理视角认识自然、理解自然，建构关于自然界的物理图景；引导学生经历科学探究过程，会使用科学研究方法，养成科学思维习惯，增强创新意识和实践能力；引领学生认识科学的本质以及科学技术与社会环境的关系，形成科学态度、科学世界观和价值观，为做有责任感的未来社会公民奠定基础"。

"互联网＋物理教师"不再是按照教科书给学生传授物理知识，而是具有多重的身份，未来的教师更像一位导师，从以教为主，变成以导为主。

1. 学生课程内容的规划者

教师个体、教研组或区域教研机构形成三位一体的课程开发架构。教师以学生的认知兴趣和需要为基础，结合课程标准规划课程内容。采取网络收集、合作制作等方式建立微课程视频、远程实验、虚拟实验、文本资料、过关小测试等形式的课程内容，将这些内容形成树状结构，并加以清晰的指引。由于"互联网＋"环境下资源共享十分便利，大多时候教师本人并不需要制作具体的微课程，只需要将网上现成的课程资源进行筛选，规划在自己的课程内容上即可。

2. 学生自主学习的辅导者

学生自主学习过程中，总会遇到各种大大小小的问题。小的问题例如：这个知识点如何理解，这道题不太会做等；大的问题例如：如何选择学习方向，是广度学习还是深度学习等。这时教师就是学生自主学习的辅导者，给学生答疑解惑、帮助学生学会运用知识解决问题；按照学生的特点和能力建议学生的学习方向，给学生提供清晰的学习边界。

3. 学生思维建构的帮助者

教师要善于分析并抓住课程内容知识点之间的内在联系，帮助学生搭建思维发展的链条，同时通过设计问题、作业和小测试建立学生思维训练的空间，让学生形成知识结构的构建。物理教师应该帮助学生利用各种实验手段来观察、动手，建立活动链，从而帮助学生进行实验与理论的思维建构。

4. 学生思想品德的培育者

学生的自主学习活动是获取知识与技能，与传统学校教育的"教"的功能是一致的。但是，学生的成长只有知识和技能的增加是远远不够的。"育"的内容是一般学习活动中不可能具有的。教师是学生思想品德的培育者，教师通过各种活动，言传身教、潜移默化地教育学生，学校教育是学生形成良好思想品德的重要途径。

5. 学生学业生涯的引路人

学业生涯是学生在学校教育环境下的成长过程，是学生学习的轨迹。教师作为学生学业生涯的引路人，应帮助学生确立恰当的学习目标，提升选课的意识和能力；指导学生制订合理的学习计划，改善学习方法，提高学习效率和学习能力；帮助学生了解自己的兴趣、能力倾向、个性特点与生涯发展的关系；引导学生合理规划升学与就业目标。

教学模式的多元并存会是一个长期存在的现象。"互联网＋技术"从外围给教师增加了新的竞争对手。最新一轮的信息技术与教育的深度融合围绕着"幕课""微课""翻转课堂"等进行。"互联网＋教育"将给学校教育带来巨大变革这一趋势将势不可挡，是主动出击还是被动应对，将是学校教育能否生存和发展的关键。

参考文献

［1］中华人民共和国教育部．普通高中物理课程标准（2017 年版 2020 年修订）［M］．北京：人民教育出版社，2020．

［2］马化腾，张晓峰，杜军．互联网＋：国家战略行动路线图［M］．北京：中信出版社，2015．

［3］何克抗．让信息技术对教育发展真正产生革命性影响：实现信息技术与教育的"深度融合"［J］．教育信息技术，2014（1）：3－8．

［4］乔纳森·伯格曼，亚伦·萨姆．翻转课堂与幕课教学［M］．北京：中国青年出版社，2015．

［5］萨尔曼·可汗. 翻转课堂的可汗学院［M］. 杭州：浙江人民出版社，2014.

［6］维克托·迈尔－舍恩伯格，肯尼思·库克耶. 与大数据同行：学习和教育的未来［M］. 上海：华东师范大学出版社，2015.

（本节内容于 2017 年 6 月发表于中文核心期刊《物理教师》）

第二章

基于核心素养理念的高中物理教学策略

　　我国核心素养指标体系包括"社会参与""自主发展""文化修养"三大领域共 12 个一级指标：道德品质、社会责任、国家认同、国际理解、身心健康、自我管理、学会学习、问题解决与创新、语言素养、数学素养、科学技术与信息素养、审美与人文素养等。

　　物理课程中的核心素养是根据我国核心素养指标体系的要求及物理学科自身的特点来确定的。物理学科核心素养包括"物理观念""科学思维""科学探究""科学态度与责任"。物理核心素养是学生在接受物理教育过程中逐步形成的适应个人终身发展和社会发展所需要的必备品格和关键能力，是学生通过物理学习内化的带有物理学科特性的品质。

第一节　高中物理课堂教学行为

教育部最新颁布的《普通高中课程方案（2017 年版 2020 年修订)》提出：核心素养是个人终身发展和可持续发展的基础；核心素养是个人必备的品格和关键能力。学科核心素养是核心素养在特定学科的具体化，是学科特性和教育内涵的有机融合。从"三维目标"走向"核心素养"，是学科教育在高度、深度和内涵上的提升，是学科教育对人的真正的回归。

基于核心素养的课堂教学是教人，而不是教书；学科教师不是教学科，而是用学科来教人。课堂上以学生为中心，教师需要高度关注学生的学习状态。教学活动不再是学生对知识做搬运、转移的过程，而是学生依据自身的经验来建构、发现和领悟动态生成的过程。课堂教学从"知识传递"的教学转向"知识建构"的教学，把学生看作自主的、有足够认识能力和思维能力的人。教师成为课堂的引导者，为学生营造自由的学习氛围，考虑学生的需求，引导学生的思考，辅助学生的活动。

一、创设真实有效的物理学习情境

物理核心素养不能通过"告知"或"机械训练"得来，它是在应用物理观念分析实际问题，进行预测、解释、推论等实践活动的过程中逐渐养成的。教师要多创设真实的问题情境，让学生在课堂中"以物悟理"，亲身参与探究、建模、解释和论证等科学实践活动。

从学生的日常生活中选取学习情境，意味着学习情境具有真实性，其中所包含的问题是真实的问题。只有在真实的学习情境中，学生才能切实弄明白知识的价值。创设情境有利于学生循着知识产生的脉络去准确把握学习内容；能够帮助学生顺利实现知识的迁移和应用；有利于激发学生的学习兴趣。

学习情境还能够使学生在学习中产生比较强烈的情感共鸣，使学习成为一种包括情感体验在内的综合性活动，对于提高学习效果具有重要的积极意义。

用好教材，以教材为育人工具。教材是学生学习的"脚手架"，是指引工具。教材内容与学生生活、现代科技密切相关，教师要充分利用多种教学资源，努力创设学生感兴趣、能激发学生探究欲望的问题情境，引导学生探究和讨论，渗透抽象概念、推理论证等科学思维方法。

杜威的"五步思维法"指出，思维活动可分为五个阶段：第一步，问题；第二步，观察；第三步，假定；第四步，推理；第五步，检验。学习情境的核心是与知识相对应的问题，因此创设学习情境能够以模拟的方式回溯知识产生的过程，从而帮助学生深刻理解教学内容，发展思维能力。

例如：在讲到"力的分解"时，先通过图片（图 2-1）展示真实的工地的塔吊，再利用小实验（图 2-2）来模拟塔吊，让学生用手掌代替塔吊，亲身感受力的作用效果，最后通过思维归纳出重物的重力 F 按照作用效果可分解为拉绳子的力 F_1 和压杆的力 F_2（图 2-3）。

图 2-1

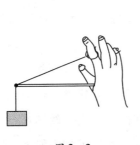 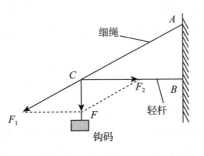

图 2-2   图 2-3

创设真实有效的学习情境是基于核心素养的物理课堂教学的典型特征，是高中物理课堂中常用的教学手段。

二、开展多样的物理科学探究活动

物理科学探究活动是一个任务驱动的项目式教学方式，让学生模拟体验科学家发现自然规律的过程，学习科学研究的基本方法。教师根据教学内容和学校实验室条件设计探究任务，让学生猜想和假设并基于实际条件设计方案，动手实践，归纳结论。在课堂教学中，教师可以通过开展多种多样的科学探究活动来培养学生科学探究能力和创新思维能力。

1. 科学探究学习形式多样

分组实验完整式科学探究学习。探究性学习是由学生在学习和社会生活情境中发现问题、选择课题、设计方案，通过自主性探究、收集和处理信息、研究和讨论，最终解决问题，从而体验和了解科学探索过程，建构知识积累和丰富直接经验的活动过程。在课堂教学中可以通过分组实验让学生经历完整的科学探究过程，在教师的引导下养成自主探究的意识和习惯，形成和提高创新能力。

演示实验分析归纳式科学探究学习。分组实验确实能很好地锻炼学生的探究能力，但是由于实验器材以及教学时间的缘故，并不可能每一个实验都能做分组实验。在物理教学中，由教师演示、学生观察的实验占有相当大的比例。在做演示实验过程中，也可以通过探究性教学来培养学生的意识和探究能力。演示实验是师生共同完成的实验，教师可以利用数据处理和归纳结论等探究环节来引导学生探究实验所体现的物理规律和掌握实验结论。这不仅让学生容易接受和理解物理规律，同时也发挥了演示实验的探究性教学功能。

随堂小实验体验式科学探究学习。物理教材中有很多观察与思考随堂小实验，这些实验没有分组实验那么复杂，有的甚至是定性的体验式实验。我们可以利用随堂小实验让学生体验相应的物理模型，突破教学难点和学生思维误区，培养学生由实际问题利用抽象思维建立物理模型的能力，以及养成通过动手实验来探究问题的习惯。

教材概念理论式科学探究学习。物理教科书十分注重情境创设，还常常从学生熟悉的事实出发来引入问题，有时采用欲擒故纵的办法。这样做使学生容易进入角色，能激发学生积极探究的动机。因此，在探究过程中教师应善于利用教材来创设情境，进而提出探究问题。

2. 科学探究实验方法多样

在科学探究学习过程中，教师要剖析学生原有的知识结构，选择恰当的探究内容，尽量准备多种多样的实验仪器为学生的"奇思妙想"提供支持。同时，教师要注意做有效的引导，让学生从被动到主动，从模仿到创新，逐步深入探究学习。

实验需要一定的方法和方案引领实施。实验方法的研究是实验研究中最能体现人的想象力等创造性思维能力的环节之一。

例如：在电学中，电阻是描述导体导电特性的物理量，与导体的材料、大小、形状及所处的环境有关。测量电阻的实验是很重要的电学实验，实验方法很多。教师通过测量电阻这一学习任务来驱动学生应用多种方法进行探究实验。

（1）用半偏法测量电流表的内阻。半偏法测量原理是利用电表的满偏电流与半偏电流之间的关系，求出电阻值。

（2）用替代法测量电流表的内阻。在物理实验中，用已知的标准量去代替未知的待测量，以保持状态和效果相同为判断依据，从而求出待测量。

（3）用比较法测定电阻。比较法类似于替代法，替代法显示的现象完全一致，而比较法显示的现象不完全一致，存在某种差异。但这种差异与一种内在的函数关系相联系（一般为线性关系），我们寻求到这种函数关系，则待测量也就迎刃而解了。

（4）用直流电桥法测定电阻。直流电桥是一种用比较的方法测量电阻的仪器，主要由比例臂、比较臂、检流计等构成桥式线路。测量时将被测量与已知量进行比较而得到测量结果，因而测量精度高，加上方法巧妙、使用方便，所以得到广泛的应用。

在完成探究实验后的讨论交流环节，教师引导学生比较各种方法的实验原理、测量精度、实验器材和适用条件等。多样化的探究实验过程，照顾了学生个体的差异性，将知识内化为素养，将技能提升为能力，涵养了学生的学科核心素养，提升了学科育人的质量。

三、充分发挥教师主导和学生主体作用

德国教育家第斯多惠说："平庸的教师对学生转达真理，优秀的教师引导学生追求真理。"知识不是实物，知识的传递不像实物的传递那样是一种简单的交接。知识的实质是经验，它必须经过个人的体验、加工、建构，将外在的知识转化为自己内在的知识。对学生来说，教师讲懂的知识不是真懂，只有自己感悟出道理才是真懂，教师只能讲"懂"，但不能讲"会"。基于核心素养的新课程、新教材提出育人模式变革要求，高扬人的主体性，追求人的全面发展，充分发挥每一个人的主观能动性，让学生主动地学习、有个性地学习。

1. 充分发挥教师的主导作用

教师是教学活动的领导者、组织者，是学生学习的指导者和学业质量的评价者，他能够引导学生沿着课程标准要求的方向发展，培养学生的关键能力和必备品质，使学生成为社会所需要的人才。教师受过专门训练，不仅"闻道在先""术业有专攻"，具有较高的文化知识、思想修养，而且了解青少年身心发展的规律，懂得如何组织教学，能够发挥主导作用。教师主导作用主要体现在三个方面：

（1）教师决定着学生学习的方向、内容、进程、结果和质量，并起着引导、规范、评价和纠正的作用。

（2）教师对学生学习方式以及学习的态度发挥指导作用。

（3）教师影响学生的个性以及人生观、世界观的形成。

2. 充分发挥学生的主体作用

在课堂教学中，学生是学习的主人，具有主观能动性。学生学习的主观能动性主要体现在两个方面：

（1）学生对外部信息具有选择的能动性、自觉性，学生对信息的选择与否直接受学生本人的学习动机、兴趣、需要以及所接受的外部要求所左右。

（2）学生对外部信息进行内部加工时体现出独立性、创造性，因为学生

对信息进行内部加工过程受到个体原有的知识经验、思维方式、情感意志、价值观念等制约。

要发挥学生的主体作用，需要建立平等、融洽、民主的师生关系。在师生交往活动中，教师应注意以下几点：

（1）要创设自由思辨的和谐环境，鼓励学生有效合作学习。

（2）要创设问题情境，引发学生的兴趣和需要，鼓励学生积极学习、主动参与。

（3）要根据学生的特征和个体差异，对学生提出严格的要求。

（4）要引发学生在思想和情感上的共鸣，培养学生自我调控能力，鼓励学生大胆创新，同时创设自我表现的机会，使学生不断获得成功体验。

（5）要洞察学生的内心世界，尊重学生的个性和才能。

3. 教师的主导作用和学生的主体作用之间的关系

教师的主导作用和学生的主体作用是相互促进的。教师的主导作用要依赖于学生主体作用的发挥。学生学习的主动性、积极性越高，说明教师的主导作用发挥得越好。反过来，学生的主体作用要依赖于教师的主导作用来实现。只有教师、学生两方面互相配合，才能收到最佳的教学效果。

在教学过程中，不能只重视教师的作用，而忽略学生学习的主动性和创造性；又不能只强调学生的作用，使学生陷入盲目探索状态，学不到系统的知识，要把二者有机地结合起来。历史上，以赫尔巴特为代表的传统教育派认为，教师在教学中处于中心地位，向学生传授知识、进行教育主要依靠教师，主张树立教师的威信，只要顺从教师的教导，学生就能学到知识、养成良好品德，至于学生的独立性、自主性，都被认为是有害的东西。而以杜威为代表的现代教育派，主张把学生作为教学的中心，充分发挥学生的主动性，教育的一切措施都要围绕着学生转。这两种倾向或者忽视学生主体作用或者忽视教师主导作用，都是片面的、不正确的。

教学中师生的认识与实践关系是复杂的、受诸多因素影响的、多变的，在课堂教学中，教师的主导作用和学生的主体作用并没有一个标准、统一的时间、空间的比例关系。不同的课型、不同的班级，教师的主导作用和学生的主体作用都是动态变化的。只有提高教师的思想修养和专业水平，增进教师的教学经验与能力，加强教师对学生的了解，提高教师的责任感和创造性，才能实现师生主体之间民主平等、生动活泼、相得益彰的互动与合作，在创造性的教学活动中使师生保持动态的平衡。

四、建设多层次的学习共同体

学习共同体是指一个由学习者及其助学者共同构成的团体，他们彼此之间经常在学习过程中进行沟通、交流，分享各种学习资源，共同完成一定的学习任务，因而在成员之间形成了相互影响、相互促进的人际关系。在传统教学中，教师、学生同时在一个教室中参与教学活动，彼此之间可以很容易进行面对面的交流，可以自然而然地形成一定的学习共同体，比如一个学习小组、一个班级，乃至一所学校，都可能成为一个学习共同体。

小组合作学习共同体是目前我国积极倡导的有效学习方式之一，它是一种以合作学习小组为基本形式，通过课堂内外各种学习活动进行互动，以团体成绩为评价标准，共同达成教学目标的教学组织形式。小组合作学习共同体，形成了师生、生生之间的全方位、多层次、多角度的交流模式。学习小组中每个人都有机会发表自己的观点与看法，也乐于倾听他人的意见，感受到学习是一种愉快的事情，从而满足了学习的心理需要，促进了学生智力因素和非智力因素的和谐发展，最终达到使学生学会、会学、乐学的目标，进而有效地提高了教学质量。学习共同体让孩子们真正成为学习的主人。

五、构建学习者的对话性实践

布鲁姆教育目标分类认知过程维度如图 2 - 4 所示：

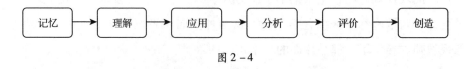

图 2 - 4

在教师完全主导的讲授型课堂教学中，可以较好地完成记忆、理解和应用三个认知过程维度。分析、评价和创造这三个更加高阶的认知过程维度只能靠学习者自己去完成。基于核心素养导向的课堂教学从本质上说是一种对话性实践，是教师引导学生同教科书"对话"、同他者"对话"、同自己的内心"对话"的活动。只有"对话"才有可能产生"分析、评价和创造"等认知过程维度。学习是一个复杂的可反复的认知过程，是学习者行为的变化，是意义的建构，是领悟的生成，是一种经验的能动再建。从学生的学习活动和所获得的进步来衡量课堂教学的有效性。

例如：以下三种教学模式从不同的角度构建了学习者对话的环境和平台。

1. 问题讨论式

人们对某个问题产生了疑问，通过大家集思广益、分析论证来分享和批判彼此的想法，最终实现对问题的明确认识或解决。打破教师讲、学生听的传统教学方式，经过预先的设计与组织，在学生独立思考的基础上，让学生就某一问题各抒己见，并通过学生之间、师生之间的多边交流，互相启发探讨，从而探求真理以达成共识。这一教学模式改变了教师"一言堂"的状况，学生由被动接受知识变为主动地、积极地、生动活泼地思考和探讨，这有助于挖掘学生的智慧潜能，对学生良好思维习惯的形成和分析问题、解决问题能力的提高有着十分重要的意义。

2. 物理剧本表演式

以表演为学习载体，先让学生感受、体会课文的内容，然后用自己喜欢的方式表演出来，从而自内心深处对所学内容有所感触，接着内化为自身认可的信息。在此教学过程中，教师应起到引导、培训、协调的作用，选择好适合采用表演式教学模式的内容，例如有关物理学史的内容、有关生活中常见物理现象的内容。之后的工作可以交给学生来完成，教师就像演话剧过程中连台都不上的剧务，而话剧的导演、演员都是学生自己。

3. 网络学习培养模式

计算机网络所提供的集成化的多媒体学习系统、资料库、演示环境、辅助学习工具、师生交互环境等代替了传统的教材、黑板、粉笔等载体。教师利用多媒体充分表达教学意图；学生可以通过下载学习软件、网上查询资料，通过电子邮件或 BBS 等与教师、同学交互联系等方式来完成学业。在网络环境下，教师、课堂、教材等都可以成为变量，学生可以根据自己的需要选择求教对象，在适合自己的时间、地点以自己喜欢的方式进行学习，多渠道获取学习资料等。教师的作用将更主要体现在学生自行建构知识过程中的引导，营造能调动学生学习积极性和主动性的学习氛围及背景。

4. 实践活动课程培养模式

通过精心组织课外活动，开放实验室为学生提供物质和技术的保障。在教师的积极引导下，学生在规定的时间内利用课余时间，组成一个个小团体，围绕活动主题进行自主设计、探究、动手实验、改进、展示、竞赛、总结反思等一系列的活动过程。

问题解决、项目研究、实验探究、师生对话、研究讨论等形式的学习者对话平台能较好地发挥学生主动性，让学生通过"输出"的方式进行学习。

六、实行发展开放多元的物理学习评价

普通高中课程基于核心素养理念，通过学科教学涵养学科核心素养，通过学科活动完成立德树人根本任务，学习评价是学习的"指挥棒"，要围绕教育的根本任务进行学习评价。学习评价是人才培养的重要环节，评价直接影响教师的教学行为和学生的学习行为。

1. 实行发展性评价

注重对学习表现情况的全面考查和反馈，及时发现学生在学习过程中出现的问题，并给予提示与帮助，以达到促进学生不断发展的目的。同时，发展性评价更多是一种自我参照的评价，即把评价结果跟学生以前的表现进行比较（个体内差异评价），从而发现学生的进步与不足，以便有针对性地进行激励并提出补救的措施。因此，发展性评价真正体现出"以学生发展为本"的新理念，让每一个学生都能体验到学习的乐趣和成功的喜悦，从而引发学生的学习兴趣。

2. 推广开放性评价

一是评价内容的开放。不仅要对学生知识的掌握程度和运用知识的熟练程度进行评价，还要注重对学生的个性品质的评价，更要注重对学生在实践中解决问题能力的评价。二是评价标准的开放。不能用一把尺子、一个标准来衡量所有的学生，而要采用既有一定的共性要求，又适合各个层次学生且可以供自我选择的评价方式来进行评价，以促进学生在原有基础上的发展，同时对少数表现出有个性特长的学生要进行特殊的评价。三是评价主体的开

放。既有教师评价，还有自评与互评；将来自各个角度的观察意见汇总起来，最后做出既有定量又有定性的全面评价。

3. 物理实验能力等级认定方案

（1）量化评价

表 2-1

内容	模块测试实验题				操作考试	自我评价	小组评价	教师评价	参加物理科技活动分	总分	实验能力等级
	1	2	3	4							
得分											
比例分											

说明：

① 得分填写模块测试实验题、实验操作考试实际得分，自我评价、小组评价、教师评价分。

② 评价分对照相应评价表评分，每项评价满分为 10 分。

③ 比例分的计算方式。

$$模块测试实验题比例分 = \frac{四次模块测试实验题得分和}{四次实验总分} \times 40\%$$

$$实验操作考试比例分 = \frac{实验操作考试得分}{实验操作考试总分} \times 50\%$$

$$评价比例分 = \frac{三项评价得分和}{评价总分30分} \times 10\%$$

④ 参加物理科技活动的同学按比赛获奖情况和贡献程度由科任物理教师分别加 5 分、4 分、3 分、2 分、1 分。

⑤ 量化评价总分由模块测试实验比例分、实验操作考试比例分、评价分、物理科技活动分四项组成。85 分以上为优秀等级，70～84 分为良好等级，55～69 分为及格等级，55 分以下为不及格等级（不及格等级提供一次补考机会）。

（2）实验能力发展评价素材

必备材料：①一份实验报告；②实验操作考试答卷；③三项评价表。

选放材料：①参加物理科技活动的图片、获奖证书复印件、心得体会和有关论文；②物理类研究性学习论文。

（3）附表：①学生物理实验能力发展评价报告表（自我评价、小组评价、教师评价）；②实验报告表。

以学生为中心、立德树人是普通高中课程标准的根本任务，要尊重学生的人生历程发展需要，尊重学生作为人的人格和尊严，尊重学生的个体差异和个性发展需要。"促进学生全面而有个性地发展"要求我们的评价体系也应关注学生的个体差异和个性发展，基于关注学生的个性发展而提出一种过程性、真实性、发展性的评价方式，它将给予新课程改革以强有力的支持，更好地推动新课程改革的实施。

【**教学案例**】

大概念统摄下的高中物理单元整体设计
——以粤教版"动量、动量守恒定律"为例

教育部最新颁布的《普通高中课程方案（2017年版2020年修订）》明确指出，教师在新课程方案实施过程中以及在设计教学内容时，应重视以学科大概念为核心，对课程内容进行知识单元重构和结构化设计，以主题为引领，使课程内容情境化，促进学科核心素养的落实。学科大概念引领下的单元整体教学设计，不是对教材的重新编排，而是突出学科知识间的逻辑联系，统整较为零散的碎片化知识，形成以学科大概念为统摄的学科结构化知识，进而转化为解决实际问题的方法与能力。受传统课时教学的影响，当前我国的高中物理教学还存在着教学内容相互联系不够紧密，知识结构化的水平较低，教师主导、学生主体的学科活动针对性不强等问题。笔者认为，在大概念统摄下的物理单元整体设计是解决上述问题的重要方法和策略。

从认知发展的角度看，大概念可以使零散的知识连接起来，提供构建自己理解的认知框架。从课程内容的角度看，大概念指向学科中的核心概念，是在事实基础上抽象出来的深层次的、可迁移的概念。因此，从学科大概念视角系统组织和规划单元学习过程，是进行单元整体教学设计的关键。基于单元主题教学内容，围绕学科大概念整合教材，连贯地理解课程目标，关注前后内容，突出学科知识的系统性和教学的方向性。把大概念统摄下的大量具体概念、规律、原理等具体教学内容按照一定的逻辑线索组织成由浅入深、由简单到复杂、有层级的结构化的物理学科活动，使学生对学习内容的理解与认知由浅及深，逐步达成单元学习目标。本文以粤教版教材选择性必修1第一

章"动量、动量守恒定律"教学单元为例，探讨如何基于学科大概念进行单元整体教学设计，以促进单元教学目标的达成和学生学科核心素养的培养。

一、分析学科大概念，整合教学内容

以学科大概念为统领，将不同内容进行有机整合，实现知识系统化。依据范围的不同，不同概念呈现出一定的层级结构。从基本事实、知识与技能到学科一般概念，进而提升到学科大概念并拓展到跨学科大概念，是学生不断完善认知结构的过程。

本单元的学习内容是围绕着这一章的大概念"动量守恒定律"进行的，概念层级结构关系如图2－5所示。

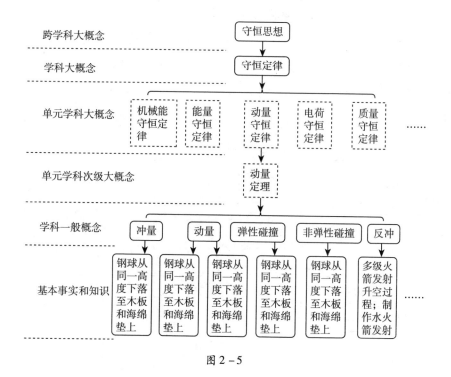

图2－5

在形成"动量守恒定律"学科大概念后，在最后一节课安排学生回顾学过的守恒定律，包括机械能守恒定律、能量守恒定律、质量守恒定律、电荷守恒定律等，突显了跨单元的大概念"守恒定律"，进一步强调跨学科大概念"守恒思想"。

分析和把握大概念，可以把握知识间的本质联系和纵横关系。对事实、具体概念进行抽象概括、一般化或系统化等思维加工活动，可以帮助学生形成知识间纵向向上的联系，实现知识拓展和建立知识结构。

二、理解新课程、新教材的逻辑结构

教材的逻辑包括学科逻辑、认知逻辑和教学逻辑。学科逻辑是按照一定的理论方法使学科中的各个知识点串联起来从而形成一定的线索结构。认知逻辑是以认知语言学为基础，关于认知过程及其规律的逻辑系统。学生学习知识与技能需要遵循一定的认知规律，这种认知规律是由熟悉到陌生、由简单到复杂、利用已知到未知、由具体到抽象、由感知到理解应用等。教学逻辑就是教材的可教学性，是对学科逻辑和认知逻辑的概括和发展，是教师关于教学内容与教学活动安排的构想。

本单元的教材逻辑如图2-6所示。教材的学科逻辑是围绕动量守恒定律这个大概念展开的，首先是建立冲量和动量概念，为推导动量定理做知识准备；动量定理又为动量守恒定律做知识准备，通过理论推导和实验验证得到动量守恒定律，再运用动量守恒定律解决生活生产中的实际问题，最后是归纳所学的守恒定律。

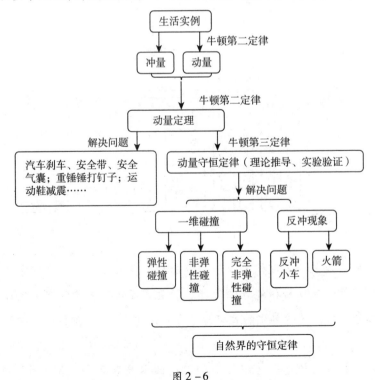

图2-6

学生的认知逻辑是从分析钢球落地实例认知到相互作用力与时间、质量和速度有关系开始的，按照认知需求建立冲量和动量的概念；利用已有知识——牛顿第二定律分析一个物体的冲量和动量的关系，推导出动量定理，建立起与冲量和动量相联系的认知关系；运用已有知识牛顿第三定律和动量定理分析两个物体组成的系统在相互作用过程中动量守恒；利用已有的平抛运动知识设计实验，验证动量守恒定律；运用动量守恒定律解决包括碰撞、反冲等实际问题；在实际运用中形成守恒观念。

结合学科逻辑和认知逻辑形成教学逻辑。在学生初步形成的运动与相互作用观念和能量观念的基础上，通过具体实例分析引导学生在已有知识基础上根据实际需求建立新的物理概念；让学生经历科学论证过程，引导学生认识新的物理规律；运用新的物理规律解决实际问题，从动量守恒定律的普适性来认识自然界的统一性，进一步发展学生运动与相互作用的观念和能量观念。

三、编制物理核心素养的教学目标

新课程、新教材的单元整体教学设计要从知识目标到素养目标，教学目标包含知识目标和素养目标。学科教学逻辑要与学生发展逻辑有机统一，以学生发展的视角去思考教学实施路径，让知识与学生建立起有意义的关联。

表 2-2

序号	知识目标	实施路径	素养目标
1	了解冲量的定义	通过生活实例或实验，让学生知道影响碰撞效果的因素，体验冲量概念建立的过程	物理观念 科学思维
2	理解动量的概念	通过实验让学生体验动量概念建立过程；通过具体例子分析动量的矢量性	物理观念 科学思维
3	理解动量定理	学生自主分析生活具体例子，教师引导示范计算典型例题	科学思维
4	理解动量守恒定律	学生自主运用牛顿第三定律和动量定理推导动量守恒定律，从动量角度认识相互作用观	物理观念 科学思维

63

续 表

序号	知识目标	实施路径	素养目标
5	理解验证动量守恒定律实验的原理	学生做两小球一维碰撞分组实验,用平抛运动测量碰撞前后小球的速度;学生交流分享实验结果,总结归纳实验结论	科学思维 科学探究
6	了解弹性碰撞、非弹性碰撞和完全非弹性碰撞	教师引导学生应用动量和能量的观点综合分析解决一维碰撞问题和简单的生产、生活实际问题	科学思维 科学探究
7	理解守恒定律	通过研讨分析,帮助学生自主用系统的思想和守恒的思想分析物理问题;能从运动定律、动量守恒、能量守恒等不同角度思考物理问题	物理观念 科学思维
8	形成守恒的物理观念	让学生体会物理规律反映出的自然世界的秩序,培养学生的科学态度与责任	物理观念 科学态度与责任

四、围绕大概念设计物理学科活动

在大概念统摄下设计有效的物理学科活动,能引导学生积极主动地参与学科活动,运用所学物理知识解决实际问题,从而发展学生的核心素养。

1. 统筹教材内容立德树人,培养学生正确价值观念

粤教版"动量、动量守恒定律"单元的教材通过不同的栏目展示的内容有:讨论交流"汽车制动时间与滑行距离";计算"苹果从20层高楼落地的平均撞击力";文本介绍"我国现有酒泉、西昌、太原、文昌四大火箭发射场";资料活页"安全带和安全气囊在碰撞中的保护作用""预防碰撞安全系统";实践与拓展"制作发射水火箭""查找资料分析碰撞中能量是如何传递的""查阅资料从能量守恒定律的角度了解能源利用的新方式"等。通过课堂展示图片资料、播放录像视频、学生讨论与交流和课后查阅资料、撰写研究报告、开展制作比赛等物理学科活动,"润物细无声"地渗透安全、生命、环保、爱国主义和人类可持续发展等方面的教育,潜移默化地影响学生,从而落实物理课堂思政教育的立德树人目标,培养学生正确的价值观念。

2. 引入生产生活问题情境，重视物理观念形成过程

物理概念是客观事物的物理共同属性和本质特征在人们头脑中的反映，是物理事物的抽象，是观察、实验和科学思维相结合的产物。引导学生建立冲量、动量、反冲等概念时，从生活情境出发，再通过演示实验或分组实验让学生进行体验，然后提出具体问题，使物理概念形成过程更加清晰，减轻学生的认知负荷，为他们形成物理观念打下扎实的基础。

例如，在第一节冲量、动量引入时，利用视频资料或新闻素材展示一只飞鸟能将高速飞行的飞机头撞偏的生活案例，一把重锤不一定能将静止的飞机机头砸偏，看似柔弱的小鸟的破坏性竟比重锤还大。实验演示：不同质量的钢球从不同高度下落到木板和海绵垫上，对比观察作用效果。教师引导学生认识到物体相互作用力的影响因素是多方面的，为引入冲量和动量概念做好铺垫。

又如，在进行"运用动量定理解决问题"的教学时，可以通过图片给学生展示生活生产中的具体例子："冲床冲压钢板""铁锤敲钉子"等例子是通过减少作用时间来获得较大的冲击力；"码头上的橡皮轮胎""沙池上跳远""海绵垫上跳高"等例子是通过缓冲延长作用时间减少冲击力。这些例子很好地说明了在动量改变量相同的条件下，可以通过改变作用时间得到不同的相互作用力，从而让动量定理的运用与实际问题紧密地联系在一起，使学生慢慢形成正确的物理观念。

3. 把握单元教材逻辑线索，帮助学生科学思维进阶

本单元的学科大概念是动量守恒定律，单元学科次级大概念是动量定理。从思维逻辑上主要回答以下几个问题：影响碰撞效果的因素有哪些？（物体的质量、速度和作用时间）为什么要引入冲量和动量概念？（建立新概念解决新问题）冲量和动量有什么关系？（动量定理）如何判断两个物体在相互作用过程中动量是否守恒？（动量定理的运用）如何用动量守恒定律来解决实际问题？（动量守恒定律的运用）如何用守恒的观念来思考实际问题？（守恒观念的运用）这几个问题构成了本章知识发展的思维逻辑线索。

如图 2-7 所示是从建立冲量和动量概念到学生形成守恒观念这个知识发展的方向，这也是学生思维能力提升的方向。在这一单元教学中，把握单元

教材逻辑线索，不同的课时完成相应的教学任务，所有的教学内容和学生活动都围绕知识发展的逻辑线索展开，从简单到复杂、从低级到高级，帮助学生科学思维进阶。

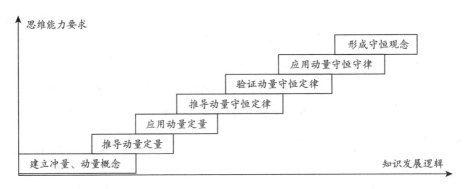

图 2-7

4. 体验物理规律建立过程，培养学生科学探究能力

在学生掌握冲量和动量的概念后，让学生从牛顿第二定律出发，寻找冲量和动量的关系，通过变式整理可以得到"物体受到的冲量等于物体动量的增量"，这就是动量定理。在既有命题的基础上证明出来的命题就是定理，定理的证明通常被诠释为对其真实性的验证。定律是客观规律的统称，反映事物在一定条件下发展变化的客观规律的论断。它是可以通过实验来证明的。动量守恒定律的发现过程很好地体现了定律的特点。学生用动量定理研究两个物体在相互作用过程中每个物体动量变化的情况时，由牛顿第三定律可知，两个物体的冲量是大小相等、方向相反的，所以两个物体的动量变化量也是大小相等、方向相反的，即一个增大一个减小，动量总量保持不变，这就是动量守恒定律的核心内容。完成理论推导后再安排学生分组实验进行验证，让学生完整地经历基于科学推理和事实证据对客观事物本质属性的抽象概括的过程，是培养学生科学思维和探究能力的重要途径。

5. 应用规律解决实际问题，培养学生科学态度责任

本单元教材选取了大量生活生产情境，还通过习题、实践与拓展和资料活页等栏目设置了许多培养学生科学态度和责任的素材。例如，第一节练习题有：请仔细观察日常生活现象，找出通过延长作用时间减小相互作用力的实例；找出通过缩短作用时间来增大相互作用的实例。第六节练习题有：举

出生活中动量守恒、能量守恒、机械能守恒的例子；了解火箭运载人造卫星上天的发射过程，并分析在火箭发射的各个阶段适用哪些守恒定律来估算人造卫星的速度等。又如，"根据动量定理分析运动鞋减震的设计原理"和"水火箭制作与射远比赛"的实践与拓展。再如，资料活页介绍"历史上关于运动量度问题的争论""应用动量守恒定律时应注意的问题"等。用这些素材引导学生尝试用动量定理和动量守恒定律来解释实际问题；组织学生开展物理课外实践拓展活动；指导学生阅读资料活页和查阅网络资料。让学生运用所学物理知识和物理规律动手实践解决实际问题，开阔学生的视野，培养学生的科学态度与责任。

五、结束语

单元教学具有一定的时间跨度，整体设计物理学科活动能较好地规划学生掌握知识和发展能力的螺旋式上升轨迹。在大概念的统摄下能很好地设定螺旋式上升的中心方向和各阶段的发展目标，为运用大概念解决实际问题和核心素养的落地奠定良好的基础。

参考文献

［1］中华人民共和国教育部. 普通高中物理课程标准（2017 年版）［M］. 北京：人民教育出版社，2018.

［2］邓靖武. 大概念统摄下物理单元知识结构构建及教学探讨［J］. 课程·教材·教法，2021，41（1）：118－124.

［3］郭玉英，姚建欣，张玉峰. 基于学生核心素养的物理学科能力的研究［M］. 北京：北京师范大学出版社，2017：2－8，378－380.

［4］杨佳婷，张军朋. 基于教材逻辑解读高中物理人教版新教材的改变：以"电磁感应"内容为例［J］. 物理通报，2021（1）：157－161.

第二节　高中物理概念课教学策略

物理概念是中学物理教学的重要内容，是形成物理规律，建立物理公式和完善物理理论的基础和前提。在中学物理教学中，如何帮助学生形成正确的物理概念，如何在物理概念教学中培养学生科学探究能力、科学态度和价值观等，是中学物理教学重要的课题。要有效地开展物理概念教学，教师必须明确物理概念的含义和分类，领悟物理概念的重要性和基本要求，掌握物理概念教学的一般过程。

一、物理概念的理解

概念是反映某种事物特有性质的一种最基本的思维形式。物理概念是反映物理现象、物理过程本质属性的一种抽象，是在大量观察、实验的基础上，运用逻辑思维的方法，把一些事物的本质的、共同的特征集中起来加以概括而形成的。物理概念是反映物理事物本质属性的一种思维形式，它是构成物理判断和进行物理推理的基本要素。

1. 物理概念的内涵和外延

物理概念的内涵就是物理概念所反映的物理现象、物理过程的本质属性。这种本质属性使该物理事物区别于其他事物。物理概念的内涵也称为它的物理意义。

物理概念的外延是指概念所反映的那类事物的数量和范围。在物理学中，物理概念的外延通常就是物理概念的适用条件和范围。物理概念的适用范围是指概念所反映的事物在某一层次或某一范围具有的属性。

2. 物理量

物理量是能够定量地反映客观事物（物体、物质、物理现象、物理过程、物理事实）的物理性质或特征的物理概念。

物理量分为基本物理量和导出物理量。

基本物理量是为满足描述物理学概念需要而选定的最基本的量。现有国际单位制（SI）中，有七个基本物理量，即长度、质量、时间、电流、热力学温度、发光强度和物质的量。它们的计量单位分别是米（m）、千克（kg）、秒（s）、安培（A）、开尔文（K）、坎德拉（cd）和摩尔（mol）。

导出物理量是以基本物理量为基础，按照某种定义或根据有关公式推导出来的物理量。一切导出量都可以用基本物理量的组合方式来表示。例如：力的单位是牛顿（N），由牛顿运动定律 $F = ma$ 可以得到力的单位和基本物理量的关系为 $1N = 1kg \cdot m/s^2$。

二、物理概念的分类

物理概念是物理现象和物理过程的共同属性和本质特征在人脑中的反映，是对物理学习和物理过程的抽象化和概括化的思维形式。从不同的角度，物理概念有不同的分类。

1. 从认识论的角度分类

（1）具体概念，是以物理现象为基础而概括、抽象出的概念。例如：力、速度、位移、电流、电阻等。

（2）抽象概念，是以物理现象和物理过程的理性认识为基础而建立的概念。例如：能量、电场、磁场、质点、理想气体等。

（3）特殊概念，是以科学推理的高度思维为依据而抽象出的概念。例如：时间、空间等。

2. 从质和量的辩证关系角度分类

（1）定性概念，定性地反映物理现象和物理过程本质属性的概念。例如：机械运动、相对运动、参考系、电磁感应等。

（2）定量概念，定量地反映物理现象和物理过程本质属性的概念。例如：质量、密度、力、功、电流、电压、电阻、热量等。

3. 从反映事物的不同属性的角度分类

（1）状态量与过程量：状态量是描述事物状态的物理量。研究对象处于某一状态，就有确定的量值。过程量是描述物质系统状态变化过程的物理量，如冲量、功、热量、速度改变量等都是过程量，它们都与一定的物理过程相对应。一般说来，物质系统从某一个状态变化为另一个状态，如果经历不同的物理过程，虽然初始状态量与终了状态量可能保持相同，但过程量不一定相同。过程量与状态量的区分是：过程量是与时间间隔相对应的，而状态量是与时刻相对应的。

（2）性质量和作用量：性质量是描写物体某种性质的量，如密度、劲度系数、电阻、电场强度、介电常数、磁感应强度、电容等。作用量是描写物体之间相互作用时表现出来的物理量，如力、功、冲量等。

（3）微观量与宏观量：微观量是描述单个微观粒子的量，如分子或原子的质量、电量、速度，单个分子或原子的动能等。宏观量是描述宏观物体或系统性质或状态的量。其中，有些宏观量是描述大量分子、原子或大量基本粒子运动所表现出来的宏观性质。例如，气体的压强、温度、热容都是大量分子热运动的统计平均值。这些物理量对单个分子、原子是没有意义的。

（4）矢量和标量：有些物理量既有大小又有方向，是矢量，如力、速度、加速度、动量、电场强度等。只有大小、没有方向的量是标量，如时间、质量、功、能、电势、电流等。

（5）广延量与强度量：有些物理量，如质量、空间、时间等，具有可以直接相加的性质，这类物理量在物理学中属于广延量。有些物理量，如温度、压强、密度等，不具有直接相加的性质，这类物理量在物理学中属于强度量。

（6）相对量和绝对量：凡是与参照物或坐标系选择有关的物理量都是相对量，如位移、速度、动能、势能等。凡与参照物或坐标系选择无关的物理量都是绝对量，如各种普适恒量。

三、物理概念教学要求

物理概念的建立是以感觉、知觉和表象为基础，通过分析、综合、抽象、概括等思维活动，从个别到一般、从具体到抽象、从知识到应用，逐步把握物理现象和物理过程的本质的认识过程。感知活动、观察实验、经验事实等是物理概念形成的基础。物理概念形成的最终表现就是建立逻辑数学结构，它包括概念结构、数学结构和知识结构。首都师范大学的乔际平教授提出衡量学生是否形成正确的物理概念的标准是：①明白为什么要引入这个概念，它反映了客观事物的哪些属性；②能说出这个概念是如何定义的；③对于物理量，要记住它的单位，知道该单位是如何规定的，并对单位的大小形成具体的观念；④对于定义式的物理量，要记住它的定义式；⑤要明确概念的使用范围；⑥要弄清一些容易混淆的物理概念之间的区别与联系；⑦能运用物理概念解析或解决有关问题。前四条强调的是物理概念的内涵，后三条强调的是物理概念的外延。物理概念的教学应该围绕这七条标准来开展，在四十分钟的课堂教学中，对于物理概念的教学应注意落实好以下三个方面的教学要求：

（1）要弄清物理概念的建立过程，即通过哪些实例、实验和分析推理过程，揭示出哪几个物理量的关系。在科学发展历史上，人们建立一个物理概念往往需要经过漫长而曲折的过程，学生学习物理概念时不可能完全重复这一过程。中学生形成物理概念的主要过程：一是通过生活经历、自然现象和物理实验直接感知，再通过物理思维的加工、科学归纳而形成概念；二是依托已经掌握的概念，通过演绎推导的方法得到新的物理概念。

（2）理解物理概念的数学表达式、物理意义和单位。例如：密度是表示物质在空间分布密集程度的物理量。如果某物质的质量为 m，均匀分布在体积为 V 的空间里，则该物质的密度的数学表达式为 $\rho = \dfrac{m}{V}$。密度的物理意义是表示单位体积的某种物质的质量。密度是反映物质特性的物理量，它只与物质的种类有关，与质量、体积等因素无关。在国际单位制中，密度的单位为 kg/m^3，常用的密度单位还有 g/cm^3、T/m^3 等。

（3）理解物理概念的适用范围和成立条件。例如：质点是用来代替物体的有质量而不考虑形状和大小的点。能否将物体看作质点需要满足下面两条件之一：①当物体的大小与所研究的问题中其他距离相比为极小时；②一个物体各个部分的运动情况相同，它的任何一点的运动都可以代表整个物体的运动。

四、物理概念教学过程

物理概念教学过程的主要环节有"创设情境，引入概念""思维加工，形成概念""分析内涵,理解概念""了解外延,丰富概念""解决问题,运用概念"五个阶段。有些概念形成过程简单,内容不多,可以在一节课完成上述五个阶段。但是绝大多数的物理概念教学是不可能在一节课内完成所有环节的,有些概念教学可能需要在一章的教学、一学期的教学等较长的一段教学过程中才能完成。

1. 创设情境,引入概念

物理概念教学首先要解决的问题是为什么要引入这个概念。利用学生原有认知和演示实验、图片、课件、视频录像等多媒体创设情境,能激发学生学习兴趣,使学生获得感性知识。启发学生思维,产生建立概念的需要,有利于学生对概念的意义建构。例如:在讲"向心力"概念时,教师演示水流星在竖直平面内做圆周运动,让学生观察装满水的开口塑料瓶的运动。问:看到什么?为什么在运动过程中塑料瓶开口朝下,水却不会流出来呢?通过演示实验和设问铺设悬念引入新课,同时也巧设情境,让学生对向心力有了形象的感知,向心力概念的提出就水到渠成了。

2. 思维加工,形成概念

物理概念的建立是一种创造性的工作,是人脑对物理现象和物理过程等感性材料进行整理加工的过程。教师精心选择典型事例,有意识地突出其蕴含的本质属性,引导学生在获得必要的感性认识的基础上,按照物理概念建立思维过程,引导学生运用分析、综合、抽象、概括、演绎、类比、等效等思维方法,对感性材料进行思维加工,抓住主要因素,找出事物的本质属性和共同特征,从而形成物理概念。

3. 分析内涵,理解概念

物理概念绝不是定义概念的一句话,它所反映的物理现象、物理过程的本质属性需要通过分析内涵来理解概念的内容。例如:形成"电动势是反映电源将其他形式的能量转化为电能本领的物理量"概念之后,通过分析干电池电源供电,由电场知识可知在电源内部电路中,非静电力(干电池内部是化学反应的作用力)做功,推动自由电子逆着电场力运动,从而由正极返回负极,以维持电源两端稳恒的电荷分布以及稳恒的电势差,非静电力做功使其他形式的能转化为电能。分析并定义"在电源内部非静电力移送单位电量的正电荷所做的功叫作电源的电动势，用 ε 表示，即有 $\varepsilon = \dfrac{w_{非}}{q}$"。然后再通过实验得到在负载 R 逐渐减小时，外电路电压增大、内电路电压减小，但总有"外电压与内电压的总和等于电动势"的结论，即 $\varepsilon = U_{外} + U_{内}$。使学生明确物理概念的内涵，搞清楚概念间的联系，是掌握物理概念的根本。

4. 了解外延，丰富概念

物理概念的外延是概念和周围其他物理概念物理量的联系，以及概念的适用范围。例如：在高一第一学期学习了"力"的概念，后续学习的重力、弹力、摩擦力、万有引力、库仑力、安培力、洛伦兹力等就是"力"这一概念的外延。让学生了解物理概念的外延，丰富概念，逐步深化和扩展对物理概念的理解。

5. 解决问题，运用概念

通过运用新概念解决物理问题，可以暴露学生对概念理解的缺陷甚至错误。可分两个层次来运用概念：初步运用，主要是培养学生运用概念的方法和准确性；熟练运用，主要是达到巩固、深化、活化概念的作用，培养学生运用概念解决问题的能力。

五、物理概念的教学策略

物理概念的教学，必须考虑各类物理概念的内涵特点、学生的学习水平以及学校实验设备条件等因素，采取恰当的教学方式。根据物理概念性质不同、思维方式不同、物理概念建立过程不同以及物理概念难易度不同，物理概念教学有下面五种方式。

1. 抽象概括

根据研究对象的特点，从教学目标的角度出发，抛开个别的、非本质的因素，抽出主要的、本质的因素加以研究，并把一类物理事物共同的、本质的属性联合起来，从而建立一个轮廓清晰、主题突出的新的概念。这种教学方式主要应用于定性的概念，教学的关键是通过图片、实验、举例子等方式展示多种本质属性相同或相似的感性材料，创设各种物理情境，通过对各种物理现象、过程的分析，抽出其共性，形成概念。例如，在讲光源时，举例太阳、电灯、蜡烛、霓虹灯、萤火虫等物体能够发光，月亮、电影屏幕、玻璃幕墙等物体也能够发光。前者是自行发光，后者是反射光而不能自行发光。我们把能够自行发光的物体称为光源。通过举例找到本质的因素就可以水到渠成地概括出"光源"概念。

抽象概括教学方式也常常用在理想化概念的教学中。例如：在光线概念的教学中，在讲完光的直线传播的规律后，抽象出用一条直线表示一束光，用一个箭头表示光传播的方向，用一条带有箭头的直线表示光传播的路径和方向，像这样有箭头的直线就是"光线"。

2. 演绎推理

中学物理课程的前后、上下、新旧知识有非常密切的联系，这些联系往往是物理概念教学创设发现问题情境的素材。从已有知识出发，以学生掌握的概念为前提，在旧知识的基础上通过逻辑关系和数学方法推导出新的概念、新的知识。这种教学方式常常用于定量的概念教学或前后联系紧密的概念教学，教学的关键是由旧引新、推陈出新。通过演绎推理新概念可以使学生认识到引入新概念的可能性和必要性，把知识系统化和连贯化，以便于理解、掌握和不断深化概念。

【教学案例】

向心加速度（人教版高中物理必修2第六章第三节）

一、提出问题

推导向心加速度。

二、创设模型

如图2-8所示，质点沿半径为 r 的圆周做匀速圆周运动，在某时刻它处于 A 点的速度是 v_1，经过很短的时间 Δt 后，运动到 B 点，此时速度为 v_2。

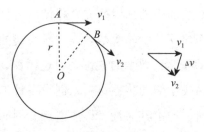

图2-8

三、在教师引导下学生与教师共同完成下面的推导过程

1. 将 AB 两点的速度画在一起，根据矢量合成三角形法可知，矢量 Δv 是 Δt 时间内速度的变化量。

2. 加速度的定义式 $a = \dfrac{\Delta v}{\Delta t}$。

3. 由几何知识可知图 2−8 中矢量三角形与 ΔOAB 是相似三角形，用 v 表示 v_1、v_2 的大小，所以有 $\dfrac{\Delta v}{v} = \dfrac{\overline{AB}}{r}$，等式整理为 $\Delta v = \overline{AB} \cdot \dfrac{v}{r}$。

4. 将 $\Delta v = \overline{AB} \cdot \dfrac{v}{r}$ 代入加速度的定义式得 $a = \dfrac{\Delta v}{\Delta t} = \dfrac{\overline{AB}}{\Delta t} \cdot \dfrac{v}{r}$。

5. 当 $\Delta t \rightarrow 0$ 时，AB 弦长等于 AB 弧长，$\dfrac{\overline{AB}}{\Delta t}$ 就是线速度，所以上一步推出的加速度变为 $a = \dfrac{v^2}{r}$。

6. 由于 $\Delta t \rightarrow 0$ 时，B 点无限接近 A 点，矢量三角形 v_1 和 v_2 几乎重合，即矢量 Δv 与矢量 v_1 垂直，加速度 a 的方向与 Δv 方向相同，由 A 点指向圆心 O 点，所以加速度 $a = \dfrac{v^2}{r}$ 也称为向心加速度。

四、总结整理

匀速圆周运动的加速度叫作向心加速度，用 a_n 表示，大小为 $a_n = \dfrac{v^2}{r}$，方向指向圆心。向心加速度只改变速度的方向，不改变速度的大小。

3. 实验探究

在教师的主体作用下，教师或学生通过动手实验，经历与科学家进行科学探究时的类似过程，分析实验结果，得出实验结论，获得新知识。完整的实验探究过程：发现问题→选择课题→设计方案→动手实验→收集处理信息→研究讨论→解决问题。

【教学案例】

探究安培力（人教版高中物理选择性必修 2 第一章第一节）

一、教师直接给出初步概念

磁场对电流的作用力，称为安培力。

二、猜想

安培力的方向与哪些因素有关？（磁场方向、电流方向）

三、学生分组实验一

探究安培力的方向。利用实验器材进行自主探究活动（如图 2 - 9），并将实验情况记录在图中，需标明磁极、磁场方向、电流方向及安培力的方向。

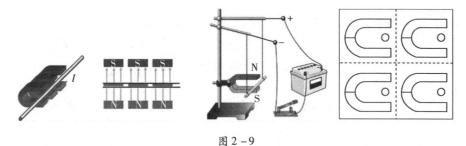

图 2 - 9

猜想：安培力的大小与什么因素有关？（电流、磁场）

四、学生分组实验二

探究 F 与 L 的关系。对于处在磁场中的通电导线，如果增加一个蹄形磁铁与其并排放置，将改变什么？

在其他条件相同的情况下，将磁场中通电导线的长度增加到两倍，可以看成是两条完全相同的通电直导线串联，其中一条受到的力是 F，两条受到的力当然是 $2F$，故安培力应该与直导线的长度 L 成正比。

五、教师演示实验一

探究 F 与 I 的关系。邀请学生代表参与演示实验，并记录数据。

B、L 一定：（探究 F 与 I 的关系）

表 2 - 3

实验次数	I/A	F/N
1		
2		
3		

由实验数据可知，在实验误差范围内，$F \propto I$。

现在得出 $F \propto IL$，即 $F = kIL$，这个比例系数 k 会跟什么因素有关呢？

六、教师演示实验二

探究 F 与 B 的关系。在电流一定时，通过拆卸磁铁改变磁场的强弱，观察安培力的大小变化。

表 2 - 4

实验次数	磁场的强弱	F / N
1	较强	
2	较弱	

通过实验可知，磁场较强时，安培力较大；磁场较弱时，安培力较小。

七、归纳总结

现在可以确定 $F = kIL$ 中的比例系数 k 确实跟磁场有关，磁场较强时，对于同一段通电导体，安培力较大，$\dfrac{F}{IL}$ 较大；磁场较弱时，安培力较小，$\dfrac{F}{IL}$ 也较小。

4. 类比等效

在教学中，用已知的物理概念同未知的物理现象进行比较，找出它们的共同点、相似点或相关联的地方，然后以此为根据推测未知的物理现象也可能具有已知概念的某些特性。

【教学案例】

电源和电流（人教版高中物理必修3第十一章第一节）

一、创设情境

如图 2 - 10 演示实验所示，打开阀门再关闭阀门，让学生观察思考。

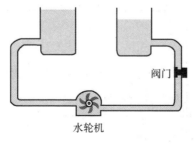

阀门

水轮机

图 2 - 10

想一想：水轮机为什么会转起来，又为什么会停下来？（因为水管两边的水面高度不一样，即水压使水管中形成水流，冲动水轮机转动，所以当水流停止时水轮机停止转动）

问题：怎样才能使水轮机持续转动呢？（需要抽水机，加抽水机再次演示）

二、类比

演示实验闭合开关、断开开关，观察小灯泡发光的现象。通过比较图 2 – 11 两幅示意图，得到两者之间的联系和相同点。

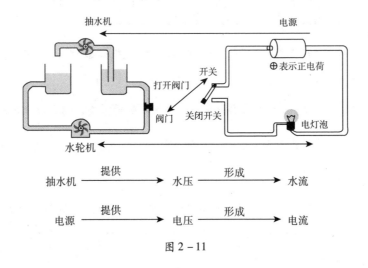

图 2 – 11

三、按照它们在各自系统中所起的作用作等效类比

具体等效对应关系如表 2 – 5 所示：

表 2 – 5

等效对象	电源	开关	电流	灯泡	电压
	抽水机	阀门	水流	水轮机	水压

四、形成概念

电源是提供电压的装置，电压是形成电流的原因。单位是伏特，简称伏（V），常用单位有千伏（kV）、毫伏（mV）。

5. 比值定义

在定义一个物理量时采取比值的形式，常用于物质属性、特征或物理运动特征的定义。用比值法定义的物理概念在物理学中占相当大的比例，例如密度、压强、速度、加速度、电阻、电容、电场强度、磁感应强度等。

【教学案例】

电容器与电容（粤教版高中物理必修3第二章第一节）

一、提出问题

电容器是由两个相互靠近、彼此绝缘的导体组成的。电容器两极板带等量异种电荷，具有储存电荷的本领。用什么物理量来表示电容器储存电荷的能力呢？

二、研究相关量

1. 实验探究

选取两个耐压值大于36V的不同规格的电容器。

（1）对同一个电容器，选取不同电压进行充电，通过传感器观察电容器的充放电过程。通过充电过程的 $i-t$ 图像计算出不同电压值下电容器储存的电量 Q_1。

表2-6

电压（V）	5	10	15	20	25
电量（$\times 10^{-6}$C）					

（2）分析同一个电容器在不同电压下充电时储存的电量与电压的关系。

（3）对另一个电容器，选取15V的电压进行充电，通过传感器观察电容器的充放电过程。通过充电过程的 $i-t$ 图像计算出电容器储存的电量 Q_2。

（4）比较两个电容器在相同的15V电压下充电过程中储存的电量。

2. 分析结论

不同的电容器在相同电压时储存的电量不同；相同的电容器在不同电压时储存的电量不同，但是储存的电量随电压的增大而成正比地增加，即电量与电压的比值不变。

三、比值定义

物理学中把电容器所带的电量 Q 与电容器两极板间的电压 U 之比叫作电

容。电容用符号 C 表示，即 $C = \dfrac{Q}{U}$。

四、分析内涵和外延

（1）在国际单位制中，电容的单位是法拉，简称法，符号是 F。如果使一个电容器的两极板间的电势差为 1V，电容器上储存的电量为 1C，则这个电容器的电容就是 1F。实际使用中常常采用较小的单位：微法（μF）和皮法（pF）。它们之间的换算关系是 $1F = 10^{6} μF = 10^{12} pF$。

（2）电容是表示电容器容纳本领的物理量。电压相同时，电容越大的电容器容纳的电量越多。

（3）电容一定时，电压越大电容器容纳的电量越多，但是由于两极板之间起绝缘作用的电介质有一个最高工作电压，当电压超过最高工作电压时，电介质将会被击穿而丧失绝缘作用，此时电容器损坏。每个电容器能容纳的电量是有一个上限的。

五、运用概念

（1）有两个标称电容量分别为 0.01μF 和 1000pF 的电容器，哪一个储存电荷的能力强？

（2）实验室中有一种聚酯电容器，标称电容量为 1μF、耐压为 50V，求此电容器使用时每个极板能带的最大电量。

【**教学案例**】

"电动势闭合回路的欧姆定律"课例

一、教学目的

1. 知识目标

（1）通过实例类比使学生了解电动势是表征电源把其他形式的能转化为电能的本领大小的物理量。

（2）通过演示实验使学生理解电动势在数值上等于闭合回路中内、外电压之和。

（3）通过实例分析使学生理解电动势的定义式 $\varepsilon = \dfrac{W_{非}}{q}$ 中的 $W_{非}$ 是指非静电力移送电荷所做的功。

（4）应用能量守恒定律和焦耳定律推导出闭合电路的欧姆定律。

2. 能力目标

（1）通过分析实验现象，掌握新概念，培养学生观察、思考、归纳的逻辑思维能力。

（2）使学生学会类比法、用比值法定义物理量等常见的物理方法。

3. 育人目标

（1）利用多种电池的展示和实验演示进行设疑、解疑、探究规律，使学生始终处于积极探求知识的过程中，达到最佳的学习心理状态。

（2）培养学生严谨的科学探究意识。

二、教学重点

电动势的概念和闭合回路的欧姆定律。

三、教学难点

理解电动势表征的物理意义、电动势的定义式。

四、教具

干电池、伏打电池、铅蓄电池、叠层电池、小灯泡、手摇发电机、电容器、可调式高内阻电源、电压表（2只）、变阻箱、单刀开关（2个）、导线若干条、干电池供电的投影片、闭合电路电势变化情况图投影片、有关内外电压及总电压的数据记录表投影片、可调式高内阻电源内部结构和接线图投影片。

五、教学过程

（一）实例类比，新课引入

同学们，我们来观察几个常见的现象。

演示实验一：一个由小灯泡、开关、导线组成的简单电路。操作1：闭合开关，灯亮吗？（不亮，因为没有接上电源）操作2：断开开关，接上干电池，再闭合开关。（灯亮了）

设问：电路接通后灯亮了，在这个过程中有没有能量的转化？（有）转化了什么形式的能量？（电能转化成光能）电能又是从哪里来的？（是干电池把化学能转化为电能）

演示实验二：用一台手摇发电机代替干电池。操作1：接通电路，灯亮吗？（不亮）操作2：转动发电机手柄使发电机转动起来（灯亮了），使发电机转得更快（灯更亮了）。

设问：灯亮了，光能是由电能转化来的，那么电能是从哪儿来的？用力转动手柄，消耗了什么能？（机械能）

不论发电机还是电池，都可以把其他形式的能量转化成电能。从能量转化的角度来看，电源就是把其他形式的能转化为电能的一种装置。在初中，我们学过电源的作用是可以在电路两端维持一定的电压，而从能量转化的角度来看，电源是把其他形式的能转化为电能的装置。

刚才看到发电机转得慢些和快些，灯的亮度是不同的。也就是说单位时间内电能转化成光能的多少是不同的，转得快，消耗的机械能功率大，单位时间里转化的电能、转化的光能就多。

演示实验三：把手摇发电机换成蓄电池和干电池分别供电，比较灯泡的亮度。（蓄电池供电时，灯更亮些）

设问：蓄电池和干电池都是把化学能转化为电能的电源，它们转化电能的本领一样吗？（不一样）哪一个转化电能的本领更大些？（蓄电池）

过渡：凡是电源都具有把其他形式的能转化为电能的本领，但不同的电源转化电能的本领并不都是一样的。那么怎样来描述电源转化电能的本领的大小呢？

（二）新课教学

1. 为了表征电源转化电能的本领大小，物理学中引入了电动势这个物理量，用来描述电源将其他形式的能转化为电能的本领。

2. 展示实物：伏打电池（1.1V）、干电池（1.5V）、铅蓄电池（每节是2V）、叠层电池（9V）。一般来说，不同种类的电源两极间的电压不相同，电源的电动势在数值上等于电源没有接入电路时两极间的电压。

演示实验四：用两根导线把一个充满电的电容器和一个小灯泡串联在一起。

提问：①看到什么？（用导线连接后，灯亮了，但灯又慢慢地暗下来，最后灯不亮了）

②为什么？（因为电容器的两个极板带有等量异种的电荷，两极板间有一定的电势差，用导线把电容器两极板相连，导线中带负电的自由电子在电场

力的作用下做定向移动形成电流，所以灯亮了；但随着带负电的电子的移动，两极板上的电荷越来越少，两极板的电势差也越来越小，电场力随之变小，导线中的电子移动的数目也变小，电流就越来越小，最后等于零，所以灯就越来越暗，最后灯不亮了。）

过渡：要想得到稳定的电流，就必须设法使流到正极板的负电荷重新回到负极板上去，这就需要有其他非静电力的作用，电源就是提供非静电力的装置。

3. 以一节干电池为例分析电源的供电过程。（用投影仪把图2-12投影出来）

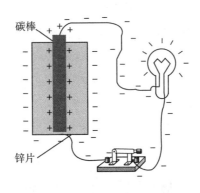

碳棒

锌片

图 2-12

正电荷聚集在电源的正极（干电池的碳棒），负电荷聚集在电源的负极（干电池的锌片外壳）。由电场知识可知：导线内的自由电子在电场力的作用下由电势低的负极向电势高的正极做定向移动，在负极、开关、电灯到正极组成的外电路中形成电流，使灯亮了。在这个外电路中是静电场力对自由电子做功，使电子能不断地从负极向正极移动。在电源内部的电路中，非静电力做功，推动自由电子逆着电场力运动，从而由正极返回负极，以维持电源两端稳恒的电荷分布以及稳恒的电势差，非静电力做功使其他形式的能转化为电能。

4. 在外电路中，由于静电场力的作用，电流的方向是由电源的正极流向负极；在内电路中，由于非静电力的作用，电流的方向是由负极流向正极。为了方便，规定电源的电动势的方向与电源内部电流的方向相同，电动势的方向实际上也是电势升高的方向。

演示实验五：用电压表直接接在电源的两极测出电源两极的电压；把电

源跟外电路接通后，再用电压表测量电源两极的电压。

5. 提出问题：两次测量结果相同吗？为什么？

比较前后两次的测量结果可知，电源接入外电路后，电压表的读数变小了。电压表直接接在电源两极测得的数值等于电源电动势；电源跟外电路接通后，内外电路都有电流通过，内电路有电阻，所以电流通过内电路时产生了电势降落，在内电阻两端出现一个压降，电压表测量的是外电路电压，所以数值变小了。

过渡：下面我们通过实验来研究在闭合回路中，内、外电路两端的电压与电源电动势之间存在什么样的关系。

演示实验六：研究内、外电压与电源电动势的关系。

（1）利用图 2-13 结合实物，介绍可变内阻电源的实验装置和原理。

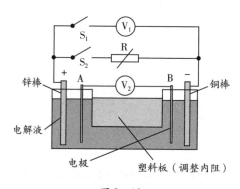

图 2-13

（2）用电压表测量电源的电动势（$\varepsilon = 2.02V$）。

（3）将电源接上外电路，电源内阻 r 不变，闭合开关 S_1、S_2，逐渐减少外电路电阻 R 的阻值，测出内电压 $U_内$、外电压 $U_外$ 各项数据，并填入表格中。（用投影仪把表格投影出来）

表 2-7

外电阻 R（Ω）	170	90	56	38	27
外电压 $U_外$（V）	1.92	1.80	1.72	1.59	1.49
内电压 $U_内$（V）	0.12	0.22	0.32	0.42	0.51
$U_外 + U_内$（V）	2.04	2.02	2.04	2.01	2.00

（4）将电源接上外电路，外电路电阻 R 的阻值固定，闭合开关 S_1、S_2，由小到大地调整电源的内阻 r，测出内电压 $U_内$、外电压 $U_外$ 等各项数据，并填入表格中。（用投影仪把表格投影出来）

外电阻 $R=90\Omega$、电源内阻 r 由小变大：

表 2 - 8

外电压 $U_外$（V）	1.80	1.62	1.50	1.38	1.25
内电压 $U_内$（V）	0.22	0.39	0.52	0.66	0.78
$U_外+U_内$（V）	2.02	2.01	2.02	2.04	2.03

（5）分析实验数据得出结论：在负载 R 逐渐减小时，外电压 $U_外$ 增大、内电压 $U_内$ 减小；在误差允许范围内，总有 $\varepsilon=U_外+U_内$。

在电源内部，非静电力只是在接近两极的很小范围内起作用，通过非静电力做功，推动电荷逆着电场力运动，从而使电势跃升。把不同的金属铜板和锌板分别插入稀硫酸溶液中，导体与溶液相接的地方发生电势跃升，在两板之间就会出现电势差，电动势就等于两次电势跃升之和。

6. 提出问题：怎样根据焦耳定律和能量守恒定律推导出内、外电压与电动势的关系？（给 3 分钟时间让学生进行推导）

（推导过程：内电路的非静电力移送电荷的做功过程，除了要反抗电场力做功使一部分能量转化为电势能供外电路使用，同时还有一部分能量直接消耗在克服内电阻做功使内电路发热。设通过内、外电路的电流强度为 I，外电阻为 R，内电阻为 r。

根据焦耳定律：在时间 t 内，内、外电路所消耗的总电能 $Q=I^2Rt+I^2rt=qIR+qIr=qU_外+qU_内$。

根据能量守恒定律：所消耗的能量应等于相同时间内所产生的电能，即等于相同时间内非静电力移送同样电量所做的功 $W_非=Q$，所以有 $q\varepsilon=qU_外+qU_内$。由此，也可以得到内外电压与电动势的关系式 $\varepsilon=U_外+U_内$。）

7. 根据欧姆定律可以写出：$U_外=IR$、$U_内=Ir$，代入 $\varepsilon=U_外+U_内$ 可得 $\varepsilon=IR+Ir$，由此可得 $I=\dfrac{E}{R+r}$，这就是闭合电路的欧姆定律。

8. 学生阅读课本例题，教师巡回解疑。

（三）巩固练习

1. 一节蓄电池电动势为 2V，含义是什么？一节干电池电动势为 1.5V，含义又是什么？

2. 根据变形公式 $U_外 = \varepsilon - U_内 = \varepsilon - Ir$ 解释为什么接入用电器越多，电源两端电压越低？

3. 电源的电动势为 3V，内阻为 0.2Ω，外电路的电阻为 1.8Ω，求：（1）电路中的电流强度是多少？（2）10 秒钟内电源内部的非静电力移送多少库仑的电荷？

（四）布置作业

略

（五）板书

一、电动势

1. 电动势是反映电源将其他形式的能量转化为电能本领的物理量。

2. 电源的电动势在数值上等于电源没有接入电路时两极的电压；电动势的单位为伏特。

3. 在电源内部，非静电力移送单位电量的正电荷所做的功叫作电源的电动势，用 ε 表示，即 $\varepsilon = \dfrac{W_非}{q}$。

4. 把电源内部从负极到正极的方向叫作电动势的方向。

5. 闭合回路中，内、外电阻改变都会引起内、外电压发生相应的变化。

6. 内、外电压之和是一个恒量，等于电源电动势，即 $\varepsilon = U_外 + U_内$。

二、闭合电路的欧姆定律

1. 内容：闭合电路中的电流强度跟电源的电动势成正比，跟内、外电路中的电阻之和成反比。

2. 定义式：$I = \dfrac{E}{R + r}$。

第三节　高中物理规律课教学策略

物理规律是反映物理现象、物理过程在一定条件下必然发生、发展和变化的内在本质联系。同物理概念相比，物理规律是人们对物理客体的高层次认识，是理性认识阶段的产物，是物理概念发展的必然结果，物理概念是物理规律建立的基础和前提。物理规律一般是在观察与实验的基础上，通过归纳推理、演绎推理、类比推理方法得到，并用文字以及其他符号加以表述的认知结果。

一、物理规律的建立

物理规律的建立有两种形式。第一种是综合方式，在实验事实和数据的基础上，通过加工总结概括出物理规律，通常称为物理定律。例如：牛顿运动定律、机械能守恒定律、开普勒三大定律、欧姆定律、法拉第电磁感应定律等。第二种是分析方式，在已有的概念和定律的基础上，运用数学工具推导出新的物理规律，通常称为物理定理。例如：动能定理、动量定理等。

二、物理规律的分类

中学物理知识体系是由基本的物理概念和物理规律组成的。中学物理规律主要包括物理定律、定理、原理、法则、公式等内容。

1. 物理定律

物理定律是人们在长期的实践中，通过对个别物理事物或过程的观察和实验，归纳得出的物理事物的客观规律。物理定律是由归纳推理而得到的，这种归纳推理是从个别事物的观察实验出发，通过推理得出的一般性结论，其正确性需要实验与实践的进一步检验。例如，牛顿运动定律、万有引力定律、动量守恒定律、法拉第电磁感应定律、光的折射定律等，都是在观察和实验的基础上，通过归纳推理的方法获得的。

2. 物理定理

物理定理是经过实验检验或理论证明为正确的定律，或是以原理为前提，通过一定的逻辑法则和数学规则演绎得到具有新的物理意义的结论。与归纳推理形成的定律不同，由演绎推理形成的定理是从已有的前提推导出新的结论。这个结论一方面具有新的物理意义，另一方面其正确性还需要进一步检验。例如，动能定理是根据运动学公式、牛顿运动定律、动能的概念、功的概念，通过数学演绎得到的。又如，动量定理是根据牛顿第二定律和运动学公式的数学演绎得到的。

3. 物理定则

物理定则是为了某种目的（如便于记忆或理解），将物理规律中各个物理概念之间关系具体化为一些定则（或法则），从而使物理规律中各个概念之间的关系变得形象、鲜明。例如左手定则：伸开左手，拇指与其余四指垂直，磁场方向垂直穿过手心（手心对 N 极，手背对 S 极），四指方向为电流方向，拇指方向则为导体受力方向。左手定则实际上反映了磁场方向、电流方向以及导体受力方向三者之间的关系，这种关系借助于左手定则形象地加以表示。

4. 物理方程或公式

物理方程或公式用数学工具将物理规律中各个物理量关系表示出来。例如，理想气体状态方程是描述理想气体处于平衡状态时，压强、体积、物质的量、温度这些物理量之间的关系，即 $pV = nRT$。它是建立在波义耳－马略特定律、查理定律、盖－吕萨克定律等经验定律之上的。此外，还有质能方程、光电效应方程等都是用数学关系描述出相应的物理规律。

三、物理规律的教学要求

乔际平教授提出衡量学生是否掌握物理规律的标准是：①知道物理规律是怎样来的，是观察、实验基础上的综合，经验事实基础上的概括，还是逻辑（包括数学的）推理导出的；②记住物理规律的文字叙述及数学表达式；③既明确物理公式中每个字母所代表的物理量及所采用的单位，又明确整个公式的物理含义；④要抓住表述规律的关键词语；⑤要明确规律的使用范围；⑥了解物理规律的应用，并能运用物理规律解释有关问题；⑦在学完某一部分内容后，能从整体上把握概念与规律之间的区别与联系，使所学知识做到有序，并能发挥整体功能。

（1）要弄清物理规律的建立过程，通过哪些实例、实验和分析推理过程，揭示出哪几个物理量的关系。例如：动量定理是在冲量和动量概念之间通过归纳演绎推理得到的物理规律；通过实验探究加速度与力的关系、加速度与质量的关系，得出在质量一定的条件下加速度与外力成正比、在外力一定的条件下加速度与质量成反比的结论，在此基础上归纳出牛顿第二定律。

（2）理解物理规律数学表达式的物理意义。例如：胡克定律 $f = kx$，式中的 f 表示弹簧的弹力；k 表示弹簧的劲度系数，它的物理意义是反映弹簧的软、硬度，在弹性限度内同一弹簧的劲度系数是一个恒定的量；x 不是弹簧的总长度而是表示弹簧的伸长量，是弹簧伸长时的总长度减去弹簧未受力时的长度。

（3）理解物理规律的适用范围和成立条件。例如：稀薄气体在压强不太大和温度不太低的范围内，都近似遵循波义耳 – 马略特定律、盖 – 吕萨克定律和查理定律。库仑定律成立的条件是静止点电荷，静止是指两点电荷相对静止，且相对于观察者静止。

四、物理规律的教学过程

物理规律是反映物理概念之间的必然联系，物理规律教学实质上就是教师引导学生探究物理概念之间的必然关系的认知过程，它一般分"创设情境，提出问题""经历过程，探索规律""精准表述，归纳规律""了解外延，理解规律""巩固深化，应用规律"五个阶段。

1. 创设情境，提出问题

物理规律教学与前人发现物理规律的过程有一定的相似性，提出问题是物理规律教学的第一步。教师有必要对一些要探究的物理问题创设一些情境，让学生在观察和体验后有所发现、有所联想，萌发出科学问题；或者创设一些任务，让学生在完成任务中运用科学思维，自己提炼出应探究的科学问题。

2. 经历过程，探索规律

让学生通过科学探究，经历基本的科学探究过程，认识科学探究的意义，尝试应用科学探究的方法研究物理问题、验证物理规律。教师要重视科学过程与方法的教学，让学生部分经历或全部经历科学探究活动，学习建立物理规律的多种科学方法。

3. 精准表述，归纳规律

在学生利用观察、实验、逻辑推理初步认识到相关的物理规律后，教师引导学生准确表述物理规律。物理规律的定性表述主要是用文字表达规律的含义，文字要准确，不能有歧义。例如，楞次定律中的"阻碍"不能用"阻止"替代，牛顿第二定律中的"合外力"不能用"外力"代替。物理规律的定量表述一般用物理公式表示，要用课本规定的特定的符号表示概念物理量和相关的系数。

4. 了解外延，理解规律

物理规律一般都是在一定条件下、在一定范围内建立起来的，它们都具有其适用条件和范围。例如，牛顿运动定律、万有引力定律、机械能守恒定律、库仑定律等，只有满足适用条件，该规律才是正确的。教师要引导学生对规律表述的关键词和物理量进行推敲，对相关物理规律进行分析比较，明确它们的区别与联系，形成理论体系，帮助学生深刻理解物理规律。

5. 巩固深化，应用规律

在学生理解了物理规律和使用条件的基础上，教师引导学生运用物理规律解释生活中的一些现象，解决有关的物理问题；通过安排一些典型的例题和习题帮助学生全面理解物理规律，进一步巩固和深化所学的物理规律。这在有助于学生应用物理规律解决生活中的问题的同时，还能使学生认识到物理知识的应用价值，激发学生学习物理的兴趣和求知欲，提高学生应用物理规律解决物理问题的能力。

五、物理规律的教学策略

中学物理规律的教学，在达成知识目标的同时，应注重对物理规律的发现和建立过程中的科学方法教育，使学生感受到每一个物理规律的发现对发展物理学内容和完善物理知识结构的贡献。人类在对物理规律的探索和研究中，逐步形成了物理规律研究的基本方法：实验归纳、理论演绎、理论假说。中学物理规律的教学基本是按照发现物理规律的科学思维方式来展开的。

（一）实验归纳

通过实验探究物理现象固有的规律，由个别事实出发推出普遍性结论。实验归纳是在教学过程中通过创设物理情境提出研究问题，然后通过猜想→验证方法设想→实验设计→学生实验→分析比较→归纳结论→课堂练习→布置作业等步骤使学生理解和掌握物理规律新知识的教学方式。

【教学案例】

自由落体运动规律（粤教版高中物理必修1第二章第二节）

一、猜想

下面我们一起来研究自由落体运动的特点和规律：通过前面的实验观察，可以猜想自由落体运动是一个什么运动？

猜想：（匀变速直线运动——自由落体运动是初速度为零的匀加速直线运动）

二、验证方法设想

大家想一下：可以通过什么方法来验证我们的猜想是正确的？

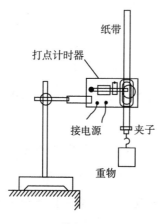

图 2-14

大家想一想还有其他什么方法能够把物体做自由落体运动的位置和相应的时刻记录下来？同学们可以回顾前面我们是用什么实验器材来研究匀变速直线运动的？（打点计时器和纸带）

三、实验设计

实验室提供下列器材：打点计时器、交流电源、重物、纸带、直尺。请同学们利用这些器材设计实验来研究自由落体运动是否是匀加速直线运动，以证实我们的猜想。

1. 实验方案设计

研究重物自由下落的运动情况，按照图 2-14 所示的装置，用打点计时器来做实验。接通电源，松开纸带，让重物拖着纸带自由下落；打点计时器在纸带上打下一列小点，相应地表示重物在不同时刻的位置。用这条打了点的纸带来研究重物自由下落的运动情况。

2. 数据采集

先来看怎样获得相关的数据——（数据采集）

（1）每隔 n 个点，确定计数点（如图 2-15 所示）。

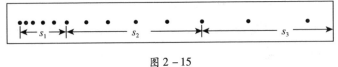

图 2-15

（2）用尺量出相邻计数点之间的距离（记为 s_1、s_2、s_3…s_6）。

（3）计算两计数点的时间间隔 $t = 0.02 \times (n-1)$ 秒。

3. 数据处理

证明自由落体运动是否为匀加速直线运动：

方法一：利用做匀变速直线运动的物体，在连续相等时间 T 内 $\Delta s_1 = \Delta s_2 = \cdots = aT^2$ 的结论。

方法二：利用做初速度为零的匀加速直线运动的物体，在连续相等时间 T 内的位移之比：$s_1 : s_2 : s_3 \cdots = 1 : 3 : 5 \cdots$ 的结论。

方法三：在匀变速直线运动中，某一段时间内的平均速度等于这段时间中间时刻的即时速度。利用 v-t 图像来分析研究自由落体运动。

四、学生实验

按照要求测量出纸带上的 s_1、s_2、$s_3 \cdots s_6$ 数据和时间间隔 t，通过教师设计的"自由落体运动"实验数据处理程序，输入和分析数据，计算自由落体加速度并画出 $v-t$ 图像。

五、分析比较

调用学生输入的数据，通过"数据处理程序"，应用上述三种数据处理方法来进行数据处理，对结果进行比较和分析。

六、归纳结论

自由落体运动的特点和规律：

（1）自由落体运动的特点：初速度为零、匀加速、直线运动。

重力加速度都相同（$g = 9.8\mathrm{m/s}^2$）

（2）自由落体运动的运动规律：自由落体运动是初速度为零的匀加速直线运动，所以它具有匀速直线运动的规律，同时它也有自己特殊的运动规律。

速度与时间的关系 $v_t = v_0 + at \rightarrow v = gt$

位移和时间的关系 $s = v_0 t + \dfrac{1}{2}at^2 \rightarrow s = \dfrac{1}{2}gt^2$

七、课堂练习

（略）

八、布置作业

（略）

（二）理论演绎

从已知的物理规律出发对特定的事物或现象进行演绎、推理，从而得出在一定范围内有关物理量之间的函数关系或新的论断，最后通过实验检验就成为规律。理论演绎的教学过程：提出问题→猜想与假设→数学方法（逻辑关系）→归纳新知识→应用。

【教学案例】

动能定理（粤教版高中物理必修 2 第四章第三节）

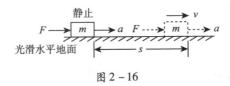

图 2 – 16

$$\left. \begin{array}{l} W = Fs \\ F = ma \\ s = \dfrac{v^2}{2a} \end{array} \right\} \rightarrow W = Fs = ma\,\dfrac{v^2}{2a} = \dfrac{1}{2}mv^2$$

定义物理概念：物体由于运动而具有的能量叫作动能，动能 $E_k = \dfrac{1}{2}mv^2$。

动能是标量，是状态量；动能的单位与功的单位相同——焦耳；公式中的速度一般指相对于地面的速度。

扩展 1：有初速度 v_1

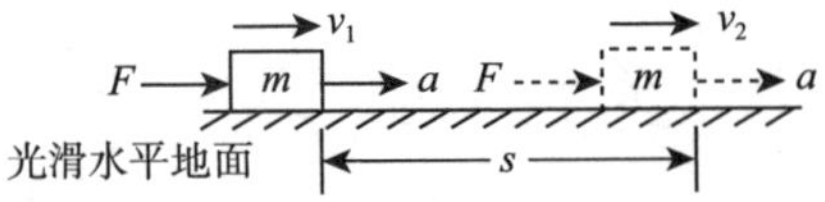

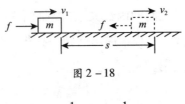

图 2 – 17

$$Fs = \frac{1}{2}mv_2^{\,2} - \frac{1}{2}mv_1^{\,2}$$

扩展 2：有初速度 v_1，只受阻力 f 作用

图 2 – 18

$$-fs = \frac{1}{2}mv_2^{\,2} - \frac{1}{2}mv_1^{\,2}$$

扩展 3：有初速度 v_1，受动力 F 和阻力 f 的共同作用

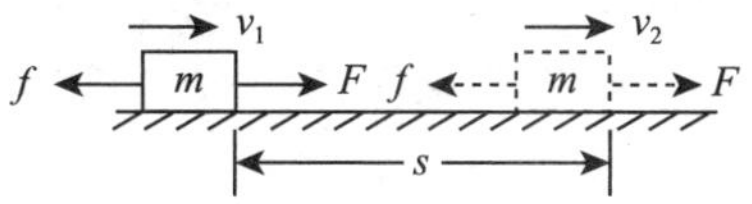

图 2-19

$$(F - f)s = \frac{1}{2}mv_2^2 - \frac{1}{2}mv_1^2$$

归纳总结：合外力对物体所做的功（外力对物体做的总功）等于物体动能的增加量，称为动能定理。数学表达式为 $\sum W_{外} = \frac{1}{2}mv_2^2 - \frac{1}{2}mv_1^2$。

（三）理论假说

假说是在物理事实根据还不充分的情况下，在观察和实验的基础上通过想象、猜想提出解释事实和现象的一种设想。它是对新现象的本质和规律的推测性说明和假定性的理论解释，经过实验检验正确后，假说就上升为一种理论或规律。

【教学案例】

德布罗意波（粤教版高中物理选择性必修 3 第四章第四节）

一、教学内容分析

1. 课程标准对本节的要求

知道实物粒子具有波动性，知道电子云，初步了解不确定关系。

2. 教材的地位和作用

本节内容是"波粒二象性"这一章的最后一节，本章前四节主要是介绍微观世界中的量子化现象，以及通过光电效应和康普顿效应两个著名实验说明光具有波动性同时也具有粒子性。本节进一步介绍实物粒子同样也具有波动性，波粒二象性是微观粒子具有的特性。本节是整章的总结，起到"画龙点睛"的作用。

3. 教材处理

以物理规律"德布罗意波"形成的科学研究过程作为课堂教学的主线，中间穿插德布罗意家族和德布罗意人生经历的介绍，使学生在学习德布罗意波这个物理规律的过程中，感受到德布罗意的坚强毅力和对科学的钻研精神，

在思维上体会了一次科学研究过程；通过两个讨论和交流使学生学会运用德布罗意波和不确定关系解析实际生活中的实例，体会到本节内容主要是应用在微观粒子里，对宏观物体的影响很小，小到几乎没有，了解德布罗意波与我们日常的直觉并没有矛盾。

二、教学对象分析

1. 学生的兴趣

实物粒子也是一种波，其中包括了人以及我们身边的一切实物粒子都具有波动性。

2. 学生的知识基础

学生在选修 3－4 中学习了机械波、电磁波等波的有关知识，而且在前面一节已经学习了光的波粒二象性，知道光是一种粒子又是一种波。

3. 学生的认识特点

高中学生已经知道一些事物和规律具有两面性，也具有一定的逆向思维的认知能力和分析能力。

三、教学目标

1. 物理观念

（1）知道实物粒子和光子一样具有波动性。

（2）知道德布罗意波长和粒子动量的关系。

（3）知道电子云的概念。

（4）初步了解不确定关系。

2. 科学探究与科学思维

（1）通过电子衍射实验，了解实物粒子也具有波动性。

（2）通过讨论与交流，认识到无法观察宏观物体的波动性的原因。

（3）了解物理学研究的基础是实验事实以及实验对于物理研究的重要性。

3. 科学态度与责任

（1）通过德布罗意波的科学研究过程："类比—假说—实验证明—形成理论—实际应用"，体会科学研究方法在物理学理论研究、发展中的作用，学习科学研究的思想方法，培养创新精神。

（2）领略自然界的奇妙与和谐，发展对科学的好奇心与求知欲，乐于探究自然界的奥秘，能体验探索自然规律的艰辛与喜悦。

四、教学重点

德布罗意波长和粒子质量的关系。

五、教学难点

宏观物体和微观粒子的波动性和不确定关系的应用。

六、教学策略设计

以德布罗意波形成的科学研究过程："逆向思维→提出假说→实验证明→应用理论→提升理论"作为课堂教学的主线。通过录像和图片介绍德布罗意的人生经历和电子衍射实验，对学生进行科学态度与责任、科学方法论教育；通过讨论和交流使学生运用德布罗意波和不确定关系解析实际生活中的实例，体会到本节内容主要是应用在微观粒子里，对宏观物体的影响很小，了解德布罗意波与我们日常的直觉并没有矛盾。

七、教学用具

图片、录像、PPT文件、电脑、投影、屏幕等。

八、教学过程设计

表 2-9

教学环节和教学内容	教师活动	学生活动	设计意图
复习旧知识： 光的波粒二象性：光是一种电磁波，具有波动性，光电效应和康普顿效应表明光具有粒子性；光同时具有波动性和粒子性	问：上一节课我们学习了什么内容？怎样理解光的波粒二象性？	思考 回答	为新课引入做铺垫，为德布罗意的"大胆类比和巧妙假设"创设前提
设问引入课题：既然被人类直觉经验普遍认为是一种波的光，原来也具有粒子性，那么反过来，人类直觉经验中的实物粒子，是否也会具有波动性呢？ 1924年，德布罗意在他的博士论文中提出了一个大胆的假设：任何一个实物粒子都和一个波对应。这种波后来被称为德布罗意波	问：人类直觉经验中的实物粒子，是否也会具有波动性呢？	思考 回答	为德布罗意假说做铺垫

教学环节和教学内容	教师活动	学生活动	设计意图
提出假说：德布罗意大胆地类比、巧妙地设想，假设实物粒子的波长和动量之间的关系为 $\lambda = \dfrac{h}{p}$； 简要介绍德布罗意家族和德布罗意波理论诞生的历史背景	回顾爱因斯坦提出的光子动量的关系式 $p = \dfrac{h}{\lambda}$	思考	引导学生感受科学研究方法，对学生进行情感、态度和价值观的教育
过渡：假说是在没有任何实验根据的情况下提出的，在未经检验之前不可能成为科学的真理	问：实物粒子能否发生衍射？	思考	使假说与实际例子结合
实例分析：以电子为例子，看看电子有没有可能发生衍射。 计算电子对应的德布罗意波长为1.82 $\lambda = \dfrac{h}{p} = \dfrac{h}{mv}$ $= \dfrac{6.64 \times 10^{-34}}{9.1 \times 10^{-31} \times 4.0 \times 10^{6}}$m $= 1.82 \times 10^{-10}$m	提示：电子的速度可以取 4×10^{6}m/s 引导学生得出结论	计算 思考 结论	让学生自己动手算一算，深刻体会德布罗意波长的意义
录像图片介绍： 电子衍射：美国工程师戴维孙和英国物理学家汤姆生在1927年分别发现电子束在晶体上的衍射图样	通过投影屏幕展示电子衍射实验的图片	观察 思考	由于条件限制，课本介绍的两个实验在中学没办法实现，只能通过图片和一些录像短片做简要介绍，给学生一些感性的认知，使学生更具体地了解到实验验证在科学研究过程中的关键作用

续 表

教学环节和教学内容	教师活动	学生活动	设计意图
戴维孙电子衍射实验 汤姆生电子衍射实验			
总结规律1：实验证明，其他一切微观粒子都具有波动性，各种实物粒子也具有与光一样的波粒二象性。波粒二象性是包括光子在内的一切微观粒子的共同特征	提问：德布罗意波的理论是什么？	思考 回答	在提出假说－实验证明之后让学生清晰地知道下一步是总结规律
总结规律2：整个研究过程体现了类比、假说、实验证明、形成理论的科学研究方法。给我们的启迪有：(1)从事科学研究必须有对科学的执着追求和献身精神；(2)从事科学研究必须有深厚的知识功底，熟悉各学科、学科各分支的特征，才能有类比的基础；(3)从事科学研究必须掌握一定的思维方法，并且要把逻辑思维、逆向思维和形象思维结合起来，集中解决同一课题；(4)科学研究必须并用理论和实验手段，才能确立令人信服的新的科研成果；(5)科研工作者必须克服自己的认识偏见，以敏锐的目光发现并扶持新生事物	提问：整个过程体现了哪些科学研究方法？ 提问：从德布罗意的研究过程我们可以得到什么启迪？	思考 回答	

续 表

教学环节和教学内容	教师活动	学生活动	设计意图
讨论与交流：宏观物体是不是能显示出波动性？考虑一颗质量为 10g、速率为 200m/s 的子弹，它对应的德布罗意波长是多少？你认为一束这样的子弹打在靶上有没有可能出现干涉或衍射的现象呢？	参与学生的讨论	计算 讨论 交流 结论	使学生体会到德布罗意波更适合用于微观粒子，对德布罗意波的适用范围有清晰的认识
知识拓展：原子外层电子的运动没有确定的轨道，德布罗意波是一种概率波；电子云是描述在空间各点出现概率大小的一种形象化的图示，并不代表电子的位置 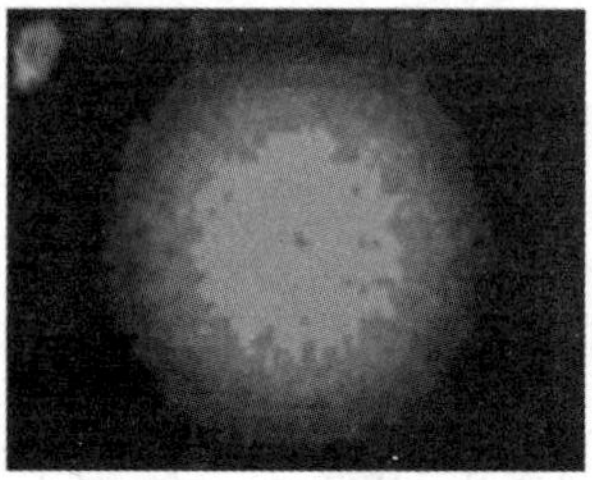 	介绍电子云，展示多张电子云的图片	思考	是德布罗意波理论的实际应用，更进一步把德布罗意波和概率波联系在一起
问题过渡：经典描述可以给出物体在任一个时刻的精确位置和速度；量子描述只能给出微观粒子在空间各点出现的概率分布，无法给出微观粒子运动的轨道	引导学生得出微观粒子存在不确定性	思考	由概率波平稳地向不确定关系过渡，符合学生的认知规律
知识拓展：海森伯在 1926 年提出微观粒子由于具有波动性，不能同时确定微观粒子的位置和动量。 不确定关系：$\Delta x \Delta p \geqslant \dfrac{h}{4\pi}$	通过电子单缝衍射实验图片讲解不确定关系	观察 思考	给学生直观的认知和感性了解

续　表

教学环节和教学内容	教师活动	学生活动	设计意图
讨论与交流：宏观物体的位置和动量之间也存在不确定关系吗？在宏观物体上应用不确定关系有什么意义？ 宏观物体也具有波粒二象性，所以其位置和动量之间也存在不确定关系；由于 h 是很小的量，不确定关系对于宏观物体的速度和动量影响非常小，所以宏观物体应用不确定关系是没有意义的	参与学生的讨论； 提问：通过讨论和交流得到什么结果？有什么结论？	计算 讨论 交流 结论	将学到的理论知识与实际例子联系起来，加深对理论的认知，并得到理论适用的范围
课堂练习：粤教版物理课本选修 3－5 第 43 页练习第 1、2 题	巡视，提问学生，在黑板上演算第 2 题的计算过程	思考 计算	巩固知识，了解学生的学习情况
布置作业：粤教版物理课本选修 3－5 第 43 页练习第 3、4 题	黑板写出	课后作业	巩固知识，了解学生的学习情况

九、教学反思

本节课是以德布罗意波形成的科学研究过程"逆向思维→提出假说→实验证明→应用理论→提升理论"作为课堂教学的主线，通过一步步的教学进程使学生不知不觉中经历了一次科学研究的思维过程。存在遗憾的地方是实验证明过程，由于学校实验条件和课堂教学的限制，实验证明是通过录像和图片介绍来进行的，并不是真正的实验证明，与实际的科学探究过程还是不一样的。但是，我们在处理这部分内容时从录像和图片等方面尽可能给学生直观的认知，尽量弥补这方面的缺憾。至于在教学过程中除了科学研究方法论的教育，还通过介绍德布罗意的人生经历对学生进行科学态度与责任的教育，应该说这样的教育切入是合理平顺的，使学生在了解科学家德布罗意的科学研究过程中有了更深的体会。本节课使学生在物理观念、科学思维和科学态度与责任等方面得到了锻炼和提升，较好地完成了教学目标。

第四节　高中物理实验课教学策略

物理学是实验科学，凡物理学的概念、规律及公式等都是以客观实验为基础的。因此，物理学绝不能脱离物理实验结果的验证，实验是物理学的基础。三四百年前，伽利略和牛顿等学者，以科学实验方法研究自然规律，逐渐形成了一门物理科学。从此，物理学中每个概念的提出、每个定律的发现、每个理论的建立，都以坚实、严格的实验为基础，并且还要经受实验的进一步检验。

物理实验是培养和发展"科学思维""科学探究"的重要平台。华南师范大学附属中学物理科组的教学特色："注重基础，突出能力""实（强化实验教学）、严（教学严格、严谨）、活（教得活、用得活）、创（探索创新）"。物理学的建立和发展都是在实验的基础上进行的，随堂实验探究、分组实验探究、边讲边演示实验探究的教学方式已经在科组教师中形成教学习惯，特别强调科学探究在物理课程中的作用，形成了以注重理论基础、突出探究能力为核心的华附物理教学特色。

一、物理实验分类

中学物理实验有不同的类别。根据教育功能分类，可分为技能训练实验、测量性实验、验证性实验和探究性实验等；根据信息技术标准来分类，则可分为常规物理实验和数字化物理实验；根据教学形式来分类有演示实验、分组实验、随堂小实验、课外实验。

1. 演示实验

演示实验是结合教学内容由师生共同来完成的实验。它的主要目的是把要研究的物理现象展示在学生面前，引导学生观察思考，获得生动的感性认识。通过综合分析实验现象或者实验数据反映的特征，运用已经学过的物理知识和方法归纳总结新的物理规律。它有几个主要的作用：引入课题，激发学生兴趣；提供真实情境问题，帮助学生建立概念和认识规律；进行观察和思维训练，巩固和利用物理知识；为学生训练实验技能提供示范。

2. 分组实验

学生 2~4 人一组，在教师的指导下利用充足的时间进行实验的教学方式。它是学生亲自动手使用仪器、观察测量、记录实验数据、分析总结实验结论的过程，是培养学生科学探究、科学态度与责任等物理学科核心素养的重要环节。

3. 随堂小实验

教师演示实验和学生分组实验是物理教学中常采用的实验方式。演示实验由于仪器和空间的局限，很多实验可见度不高；学生分组实验受实验室条件和教学时间限制，无法扩大开展。为了弥补演示实验和分组实验的不足，在课堂教学中采用简单的仪器，让学生进行体验式的小实验就很有必要。在2019 年版新教材中有很多"观察与思考""实验与探究"栏目，这些栏目内容相当一部分是小实验。随堂小实验很好地让学生体验了实际问题中的物理知识。

4. 课外实验

学生在课余时间利用日常生活用品和简单实验设备去探究自己感兴趣的问题。教师可以根据教学进程布置课外实验任务，例如在"动量和动量守恒定律"教学时可以布置"水火箭""鸡蛋撞地球"等任务；在"电源和电动势"教学时可以布置"拆解研究干电池内部结构"等任务。由学生自主组成实验小组、自主设计实施方案，利用学校的开放实验室或者在家里自主探究，体验科学研究过程。任务完成后教师利用课内展示或者班级宣传栏展示等方式进行鼓励表扬。

二、物理实验教学要求

（一）演示实验教学要求

演示实验可以创设真实问题情境，使物理课堂教学过程生动有趣，学生注意力集中，对物理现象获得深刻的印象。要使演示实验在课堂教学中更好地发挥作用，在实验的设计准备过程中，应注意遵循下面几个要求。

1. 实验方法符合科学性

演示实验的设计应充分体现科学性。实验的目的应紧密围绕教学内容。演示实验的仪器结构、操作应符合实验原理。演示实验的科学性，要求在演示过程中应实事求是、科学严谨。如果实验不成功，也应分析失败的原因，找出解决的方法，避免弄虚作假。

2. 实验简易方便，效果明显

演示实验要做到仪器结构简单、操作简单，以及由演示现象导出结论时，解决或推理简单。演示实验还应充分重视可见度，务必使全班同学都能看清楚实验现象，能使每个学生相应的感官有清晰的感觉。例如：在讲解游标卡尺的使用时，为了让每一位学生都能看清楚教师的演示，利用摄像枪对教师使用游标卡尺的整个过程进行摄像，并及时在大屏幕电视上放大，极大地增强了可见度。在做"电磁感应现象"实验时，利用电流放大器将铜线切割磁感线产生的电流放大，然后再接到演示电流计。实验时，电流计的指针偏转较大，效果十分明显。

3. 演示过程要配合讲解指导

演示过程中，讲解配合能使学生通过视觉和听觉的感应，对实验有更清晰的印象；教师的指导和启发能引导学生发散思维，实现由个别到一般、由感性到理性认识的飞跃，从而推理出物理概念和规律，更好地发挥演示实验的作用。

（1）目的、原理和步骤的讲解。演示前，教师要指导学生认识实验仪器、实验结构，启发学生明确实验目的、原理和相应的思想方法。在演示过程中，教师要指导学生：看什么？看到什么？为什么？对实验现象进行观察和分析，由感性到理性，认识现象的本质属性和因果关系，从而得出结论。经过精心设计的语言和问题，使学生在教师有目的、有顺序的引导启发下，进行有目的、有顺序的观察和思考。充分发挥教师的主导作用，调动学生的主动性；充分发挥学生的主体作用，避免学生像看戏一样看教师做实验。

（2）渗透物理学方法教育。在讲解指导过程中，教师要注意突出物理思想和物理学方法论，培养学生的实验技能，使学生明确如何控制物理条件，使其能出现所需的实验现象；知道在什么条件下测什么物理量，并知道选择什么仪器来测量。教师还要有意识地突出实验中的方法论因素，强调实验的性质和目的对于实验的指导作用，解释实验中为什么要控制实验对象的条件和怎样控制；明确测量和记录实验结果的基本方法，使学生能深刻认识实验，逐步认识物理实验方法的一般特征，具备独立设计和进行简单实验的能力。

（3）发挥实验的示范作用。教师通过边操作边讲解指导，潜移默化地规范学生的实验操作规程，培养学生的实验技能，充分发挥演示实验的示范作用。为了发挥实验的示范作用，演示的方式和过程必须科学严谨，实验操作过程中必须严格按仪器的操作规范使用仪器。

4. 控制实验时间，确保演示成功

教师要切实掌握实验原理，认真做好演示前的一切准备工作。充分的准备和多次的预演是确保成功的基础。在准备过程中，教师应注意演示时间的控制，时间过短，学生看不清实验现象；时间过长，学生注意力容易分散，课堂教学内容少，效率低，四十分钟的教学质量得不到保证。在实验准备过程中，要进行多次预演，以确保演示实验圆满成功。

（二）分组实验教学要求

学生进入实验室上实验课，会接触到各种测量器具、仪器和仪表，随着学习的深入、层次的提高，还可能接触一些先进的、精密的仪器设备，或接触各种实验环境，如高温、低温、高压、电磁场、激光、暗室等。这要求学生必须遵守实验室给出的具体操作规程，严格执行安全防护操作规定，养成良好的实验习惯。

1. 实验前的预习

预习是进行实验的基础。要求学生预习时首先要认真阅读相关的资料，明白实验的目的、要求，正确理解实验所依据的原理和采用的方法，初步了解实验仪器的主要性能、使用方法和操作注意事项。要做好预习思考题，列出记录数据要用的表格。

2. 实验中的操作

实验操作是实验的主要内容，是培养学生科学实验能力的主要环节。实验过程中，教师要进行巡视指导，确保学生在实验的过程中做到以下要求：

实验时，首先应了解所有将使用的仪器、装置的主要功能、量程和分度值、操作方法和注意事项。连接电路或布设光路时都必须认真检查，经确认准确无误后，才能开始实验。开始可做试验性探索操作，粗略地观察一下实验过程和数据状况，若无异常反映，便可正式进行实验。如有异常现象，应立即切断电源，认真思考，分析原因，并向教师反映，待异常情况排除后，再开始进行实验。

实验中，必须如实、及时地记录数据和现象，记录数据必须注意有效数字和单位，必须用钢笔或圆珠笔将数据记录在预习报告的数据表格中，不要使用铅笔。如记录的数据有错误，可用斜线画掉，把正确的数据写在其旁，但不允许涂改数据。

3. 实验后的报告

实验报告是实验工作的简明总结，要求用统一规格的实验报告纸书写，字体要端正，文句要简练，图表要按规定格式绘制。预习报告及实验原始数据记录作为附件，随报告一起在下一次实验时交教师批阅。

（三）随堂小实验教学要求

基于实验室设备、新课程新教材教学要求，结合教学内容在课前做好教学设计和仪器安排，根据教学进程适时开展随堂小实验，让每一位学生都有动手体验的机会。随堂小实验突出"小"，即具有需要较少的仪器、实验原理简单、实验过程简洁、实验现象明显、实验用时短等特点，是一个短平快的实验。随堂小实验突出"随堂"，即边教学边实验，在新课引入、物理概念和物理规律的建立过程中，给学生创设真实情境问题。在教师的引导下，学生动手实验、观察现象、分析现象、归纳原因，帮助学生发散科学思维、建构物理知识。

三、物理实验课教学策略

1. 测量性分组实验

测量性实验主要是测定某些物理量或物理常数，利用物理公式进行间接测量的方法。例如：测量重力加速度、测量单摆的周期、描绘静电场的等势线和电场线、描绘小灯泡的伏安特性曲线、用电流表和电压表测电源电动势和内电阻、用油膜法测分子的大小、测量玻璃的折射率；用双缝干涉实验测量光的波长等实验。测量性分组实验的流程如图 2－20 所示。一般经历教师引导—方案设计—学生实验—师生分析的教学过程。

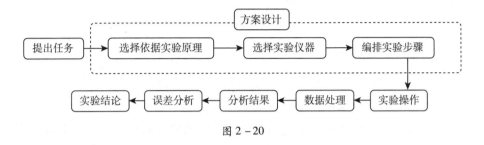

图 2－20

教师引导：教师引导学生分析被测物理量与哪些因素有关？选择哪些物理规律作为实验的依据？采用什么方法测量最方便、准确？如何去测量？

方案设计：根据具体的校情和学情，可以采取教师给定实验方案或者由学生自主设计方案等教学方式。教师或者学生结合实验室能提供的实验仪器，参考教材提示设计实验方案，编排实验步骤。其关键是在误差范围内选择合适的实验仪器。

学生实验：学生按照自己编排的实验步骤或者是教材参考书提供的实验步骤进行实验，通过列表格做好数据记录和相关计算。

师生分析：学生根据计算结果和测量方法进行误差分析，得到测量物理量的具体数值；在教师的引导下交流并总结在实验过程中遇到的问题和解决问题的方法。

2. 验证性分组实验

验证性实验的目的是让学生用实验验证物理规律，从而理解物理规律。例如：验证机械能守恒定律；验证碰撞中的动量守恒；探究并了解金属导体的电阻与材料、长度和横截面积的定量关系等实验。验证性分组实验的流程如图 2－21 所示。一般经历理论介绍—方案设计—学生实验—师生归纳的教学过程。

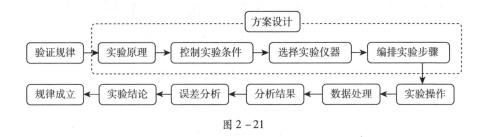

图 2 – 21

理论介绍：教师向学生详细介绍实验验证的物理规律的具体内容及其适用的范围和条件；是谁发现的，在什么条件下、通过什么方式发现的。让学生对需要验证的物理规律有充分的认识。

方案设计：根据具体的校情和学情，可以采取教师给定实验方案或者由学生自主设计方案等教学方式。教师或者学生结合实验室能提供的实验仪器，参考教材提示设计实验方案，编排实验步骤。其关键是按照需要验证的物理规律适用范围控制好实验的条件。

学生实验：学生按照自己编排的实验步骤或者是教材参考书提供的实验步骤进行实验，做好数据记录和处理。

师生归纳：根据数据计算结果以及误差分析判断验证的物理规律（物理公式）是否成立，归纳验证物理规律成立的范围和条件，最终形成实验结论。

3. 探究性分组实验

探究性实验的目的是在已有知识的基础上，用实验观测得到的结果来寻求新的物理规律，重在培养学生的科学探究能力。探究性分组实验的流程如图 2 – 22 所示。一般经历教师引导—学生探究—学生交流—师生总结的教学过程。

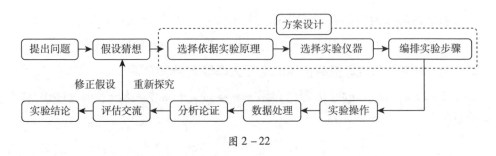

图 2 – 22

教师引导：由教师提出问题，在教师的引导下学生对问题结论做出假设猜想。教师介绍实验室提供的仪器设备，引导学生进行实验方案设计。在实验的全过程中，教师进行巡视，发现学生存在的问题，引导或帮助学生解决问题。

学生探究：让学生自己选择依据的实验原理、选择实验仪器和编排实验步骤，学生通过实验操作获得实验数据并进行分析处理从而得出初步的结论。

学生交流：学生在经历探究实验活动后，与同学对所探究的问题进行交流，在交流过程中能独立思考并能倾听同学的意见。尝试分析假设与实验结果的差异，比较自己与同学的实验过程和结果，若假设与结果相差很大，需要对探究行为进行审视，修正自己的初始假设，设计新的实验方案并重新探究。

师生总结：在大部分学生完成实验并得出初步的结论后，教师组织学生进行分组总结汇报。教师和学生一起对实验原理、方法进行归纳总结，对实验探究的结论进行分析以加深理解。

在教学过程中，教师要结合学业质量标准，循序渐进地提升学生的科学探究能力。《普通高中物理课程标准》对必修 1、必修 2 和选择性必修 2 三个探究性分组实验提出了不同层次的学业要求，很好地体现了能力递进的关系。

会做"探究加速度与物体受力、物体质量的关系"等实验。能明确科学探究实验所要解决的问题，知道制定实验方案是重要的，有控制变量的意识。会使用基本的力学实验器材获取数据，能用物理图像描述实验数据，能根据数据得出实验结论，知道实验存在误差。能表达科学探究的过程和结果。

会做"探究平抛运动的特点"等实验。能明确实验需要测量的物理量，由此设计实验方案。会使用所提供的实验器材进行实验并获得数据，通过对数据的分析发现其中的特点，进而归纳出实验结论，并尝试对其做出解释。能撰写简单的实验报告。

会做"探究影响感应电流方向的因素"等实验。能根据检验假设的思路，制定科学的探究实验方案。能正确操作实验器材，获得可靠的实验数据，通过分析数据、发现规律，进而通过归纳形成简洁的、具有普遍意义的结论。能分析实验中存在的误差，能判断误差的来源，能写出完整的科学探究报告。

传统的分组实验多以测量性、验证性实验为主，学生只需按步骤操作就行。这样虽可保证实验的成功率，但学生在实验过程中基本无须思考，更不需要进行创造性的探索。要提高学生分组实验的教学效果，就必须使学生真正进入角色，手、眼、脑并用，进行有目的的探究活动。实验是培养学生动手能力和创新能力的主阵地，每个学生都应该积极参与，而学生的动手能力差别较大，性格差异也很明显，所以在学生实验中往往真正动手的只有一部分学生。为了确保人人动手，在实验过程中，教师应积极倡导学生间的合作学习，鼓励做得好的同学去帮助一些实验做得不顺利的学生。实验成功的体现，不仅仅在于获得所谓的"正确"的实验结果，更重要的是使学生经历和体验获得实验结果的过程。只有亲身经历了这样的过程，学生才能受到物理的过程和方法的训练，才能发展学生科学探究、科学态度与责任等核心素养。

【教学案例】

如何提高学生物理实验能力

物理学是一门实验科学，物理学的建立和发展都是在实验的基础上进行的。实验能力的高低、实验素质的好坏，是衡量一个学生学习物理水平的标准之一。

一、重视实验基本功的训练，培养学生实验基本操作能力

物理实验基本功是指实验的基本理论、基本方法和基本操作技能。实验的基本理论是：①认识实验的作用，通过实验使学生了解实验的设计思想和实验的原理；②能分析实验误差。实验的基本方法是：①了解实验的过程和步骤，能设计表格、整理实验数据、画出图线、得出结论；②会利用实验方法（例如：替代法、比较法、半偏法、控制变量法）进行准确的测量。实验的基本技能是：①能正确、熟练地按操作规程使用物理仪器；②能仔细观察，认真读数、记数、整理数据，对实验结果做出解释；③能排除在实验过程中出现的简单故障；④能写出规范的实验报告。

实验基本功的训练主要是在高一阶段，认真做好课本的每一个演示实验和分组实验，通过演示实验、分组实验及课外实验来培养和规范学生的基本实验操作能力。有的教师可能认为课本演示实验和分组实验的内容和难度与竞赛实验相差太大，认为它们对竞赛帮助不大。但我觉得这些实验对于训练

学生的实验基本功、培养学生的实验操作能力有重要的作用。例如："安装简单的收音机"和"利用双缝干涉测定光波的波长"这两个分组实验。据实验室老师反映，这两个实验在普通班已经有好几年没有做了。我安排了学生做这两个实验，实验效果良好。

"安装简单的收音机"实验，我安排了三个课时时间。学生通过这个实验，训练了利用万用表检测电子元件的能力，学会了电烙铁焊接技术以及初步掌握了收音机的调试，进一步认识了无线电发送、接收及三极管放大作用的原理。学生在经过辛苦劳动之后，从自己组装的收音机中听到了电台的声音，喜悦的心情和成功的感受使学生的信心和对物理实验的兴趣有了极大的提高。

"利用双缝干涉测定光波的波长"实验，我安排在星期二下午科技活动时间进行。这个实验原理十分简单，但对仪器的调试要求十分高，只要有一个仪器没调好，实验现象（干涉条纹）就不会出现。经过多次的失败，第一位同学调出来了，这时已经是下午4点50分了。随后，第二位、第三位……都调出来了。学生在闷热的光学实验室中，一直做到了傍晚6点多才把这个实验做完。学生们都感慨"这是有生以来最难做的物理实验"。这个实验主要是训练学生对光学仪器共轴的调试能力，使学生学会了使用显微目镜测长度的方法，也锻炼了学生的实验毅力和在失败中总结经验的能力。

重视实验基本功的训练，培养学生实验基本操作能力，是提高学生实验能力的基础。

二、加强探究性实验教学，提高学生的实验思维能力

探究性实验是根据教材的特点和学生实际情况，在学生已有知识和初步具有实验技能的条件下，由教师提出课题，在教师指导下，让学生自己动手、动脑，在实验中观察现象、主动探索，然后得出物理规律。

例如：课本中安排了一个"验证玻马定律"的分组实验，我将这个验证性实验变为探索性实验。在讲到"气体的等温变化——玻马定律"时，采用边讲边实验的方法，用实验来探索气体等温变化的规律：从气体的温度、体积、压强三个状态参量出发，思考一定质量的气体的三个状态参量的相互关系，引导学生利用控制变量法先研究温度不变（即等温）的情况下，气体的

压强与体积的关系；然后列出提供的实验仪器，要学生考虑怎样利用这些仪器来探索气体的压强与体积的关系，并在教师的引导下完善实验方案，以及明确在实验中应注意的问题；最后是实验操作，根据实验数据得出"在温度不变时，一定质量的气体压强和体积成反比的关系"。将教材安排的两个课时的内容在一节课里完成，既提高了效率，也利用探索性实验提高了学生的实验思维能力。

采用探索性实验教学，可以让学生自己探索，成为科学知识的主动探索者。学生在做探索性实验时，在教师的引导下思考实验原理、实验的基本步骤及处理实验结果，使学生调动思维，比按课本的步骤一步步进行实验操作的验证性实验在学习要求和能力的培养方面有了很大的提高。探索性实验教学，提高了学生的实验思维能力，使学生具有了初步的设计实验能力。

三、加强设计实验思想和方法的培养，提高学生的设计实验能力

设计性实验是根据实验要求理解实验原理、编写实验步骤、设计实验表格、正确选用仪器和器材，并进行实验操作得出正确实验结果的一种实验形式。在物理实验竞赛中，这种实验较常见，它对学生的能力要求也特别高。设计实验能力是一种最高水平的实验能力，是活化知识、进行创造性活动所必须具备的一种能力。

每一个实验都有各自的设计思想，一个成功的实验，其设计思想总包含着对已有知识的灵活应用与创造性的科学构思。引导学生领会前人的实验设计思想、体验科学家所经历的探索过程，是一条培养学生设计实验能力的有效途径。例如：卡文迪许测量万有引力恒量实验。在介绍这个实验时，利用卡文迪许扭秤实验模型，讲清实验的设计思想：由于物体间的引力非常微小，把微小的引力观察出来，是实验设计的关键。这里卡文迪许把万有引力转化为一对力偶是第一次放大；把力偶的作用转化为石英丝的扭转形变是第二次放大；把扭转形变通过光的反射转化到较大距离的标尺上的读数（光杠杆的放大作用）是第三次放大。通过三次"转化"和"放大"的作用，就可以比较准确地观察并测量出微小的引力。这个实验的设计思路十分巧妙，第三次放大利用的是光杠杆放大方法，这个方法常在物理实验竞赛中出现。通过分析教材中的著名实验，挖掘出它们的设计思想，对于提高学生的实验设计能

力有很大的帮助。

平时利用课堂上的时间，专门出一些问题来让学生进行设计实验。所出的问题包括实验目的、实验器材和实验要求等方面的内容。引导学生从实验的目的出发，结合实验器材的用途，并利用自己掌握的实验方法设计出几种实验方案，然后按照实验设计的三个原则：①尽量减小由于实验原理不完善带来的系统误差，②尽量减小由于测量仪器不准确带来的误差，③尽量减小外界环境对实验的影响，以及从实验的可操作性、科学性和安全性等方面来选取最佳的实验方案。

例如："怎样用不等臂天平、直尺、砝码、细沙来测量物体的质量"。让学生思考：如果直接用不等臂天平来测量物体，结果一定是错误的，怎样才能消除不等臂的影响是这个实验的关键；然后引导学生考虑直尺的作用，可以用来测量天平两臂的长度；引导到这里有学生会想到用 $M_物 = M_{砝码}\dfrac{L_右}{L_左}$ 来计算出所测物体的质量。为验证学生这种方法是否最为科学，引导学生利用复秤法来设计测量物体的实验方案。

又如："测定一个凹透镜的焦距。实验器材：一个激光器、两个凸透镜、光具座、被测凹透镜"。在学生回忆凹透镜对光线的发射作用——凹透镜对平行光发射后，出射光线的反向延长线与主轴的焦点就是凹透镜的虚焦点的基础上，考虑如何把狭小的激光（平行光）放大，引导学生利用凸透镜的作用设计出激光扩束的办法，再利用平行光测焦距，最后利用图像法外推得到凹透镜的焦距的实验方法。（如图 2－23 所示）

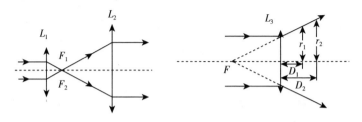

图 2－23

引导学生从已有知识出发，通过有机的组合进行实验设计的过程，可以更好地培养和提高学生的实验设计能力。

也可以通过平常的实验制作来提高学生的实验设计能力。例如：我在做电学黑盒子实验前，提供给学生电阻、电容器、二极管、电源等电子元件；要求学生利用不超过四个电子元件来设计制作一个电路并放在盒子里组成一个电学黑盒子，在设计的同时考虑利用万用表进行检测的可行性，并写出实验操作步骤和实验依据；然后同学之间相互交换来检测黑盒子内的电路连接方式，并交给设计者判断；最后根据检测成功数量，评出最佳设计奖和最佳检测奖。这个做法取得了很大的成功，学生在设计、制作过程中锻炼了自身的实验设计和动手能力，他们利用课外时间想方设法地进行检测，在不断的失败后取得了成功，提高了自身检测电学黑盒子的能力。

总之，学生设计实验能力的高低是实验成绩高低的决定因素，我们应想方设法地提高学生的设计实验能力，这是提高学生实验能力的核心。

四、开放实验室、精选课外实验，提高学生的动手能力

中学生的实验能力与理论水平相比差距很大。实验能力水平较低，主要体现在学生的动手能力水平较低。所以在提高学生的实验思维能力和设计实验能力的同时，应加强培养学生的动手能力。

高一阶段，因为刚开始接触高中物理，学生整体的理论水平还不高，所以教师应采用因材施教的方法来提高学生的动手能力。关于开放物理实验室，要求学生提前几天向教师提交实验申请书，包括实验的名称、实验目的、原理和所需的仪器及安排实验的时间。然后教师从实验的可行性、目的性、实验室仪器的准备情况等方面考虑学生提交的实验申请书，通知学生具体的实验时间和地点。学生在约定的时间里来实验室做实验，教师在旁边做指导。实践也证明，能够提出实验方案的学生都是学习成绩较好、学得比较主动且学有余力的学生。通过开放物理实验室，使尖子生能够更快更好地提高实验动手能力。

高二阶段，在开放实验室的基础上，精选课外实验。教师通过精选历届的竞赛实验，分成力学、热学、电学、光学四个专题课外实验，并印成讲义发给学生作为课外实验材料。例如："用渐进法测量单摆的周期""用振动法测物体的质量"等二十个力学实验；"用毛细管测定水的表面张力系数""研究物体的冷却规律"等八个热学实验；"用板式电位差计校正一个量程为100

微安的电流表""用作图法测量未知电容""用万用表的欧姆挡判别〈黑盒〉内的元件"等十五个电学实验;"干涉法测平凸透镜的曲率半径""物距——像距法测凹透镜的焦距"等十个光学实验。每一个实验只摆出一套仪器放在学校物理实验室里,把实验室的钥匙交给物理科代表保管。每一个专题的课外实验根据实验个数的不同安排四到六周的时间。要求学生在规定的时间内利用课余时间来实验室做实验,并提交三份以上的实验报告。由于学生都知道提高实验能力的重要性,所以有很高的积极性来做这些课外实验。学生通过查阅参考书、向同学请教或约教师来指导等途径认真做好每一个实验。在中午、晚自习、星期天下午等时间经常可以看到三两个学生在实验室里做实验。

通过开放实验室、精选课外实验等途径,尽量创造更多的条件,给学生更多的时间和空间来动手做实验,是提高学生物理实验能力的关键。

学生实验能力的提高过程是一个漫长的循序渐进的过程。教师应在统筹全局的条件下,有针对性地指导学生,使学生在不同的阶段得到各种能力的培养,经过长时间的积累,学生的实验能力才会得到较大的提高。

学生小论文——测量"重力加速度"实验设计与研究

高二(1)班莫棉棉 指导老师:黄爱国

一、前言

物理学是研究自然界的物质运动普遍规律的科学,物理学是建立在科学实验基础上的。在物理学发展的各个阶段,除了有理论物理学家的创造性思维,还必须有实验物理学家的创造性的实验设计和巧妙的实验观测,二者结合才能有伟大的科学发现,才能推动物理学不断发展。

二、实验设计与测量

在实验室内测量"重力加速度"的方法有很多种,如"打点计时法""落球法""单摆法""差值法""滴水法"等。根据实验室所能提供的仪器和实际操作情况,我设计了下列三种测量"重力加速度"的方法。

实验设计一

1. 设计原理

根据单摆小球做接近于简谐振动时的周期 $T = 2\pi\sqrt{l/g}$ 而推出 $g = 4\pi^2 l/T^2$。

2. 实验仪器

游标卡尺、细绳、长刻度尺、金属球、铁架台、秒表。

3. 实验步骤

（1）用游标卡尺测出小球的直径 d。

（2）安装器材。

（3）测出细绳的长 l_1。（注意：为了使实验更精确，摆长应在 1 米左右或更大）

（4）将细绳拉起，让小球在平面内摆动，用秒表测出其通过平衡位置 50 次的时间 T_1。

（5）数据整理 $\left(l = l_1 + d/2 \quad T = \dfrac{2T_1}{50} = \dfrac{T_2}{25}\right)$，$g = \dfrac{4\pi^2\left(1 + \dfrac{d}{2}\right)}{\left(\dfrac{T}{25}\right)^2}$。

4. 注意事项

（1）见"步骤（3）"后的"注意……"。

（2）小球摆动时，要尽量使其做平面摆动。

（3）摆角应不超过 5°。

5. 数据记录和处理

表 2 – 10

d（cm）	l（cm）	T（s）	g（m/s^2）
2.565	96.8	49.726	9.787

实验设计二

1. 设计思路

有时实验室里没有器材可用于测量小球的直径，那么摆球球心位置就确定不了，即摆长不可确定。这时可采用多次测量，用把不确定部分消去的办法来测得。如两次改变摆线的长度为 l_1 和 l_2，则两次摆长分别为 $(l_1 + r)$ 和 $(l_2 + r)$，所以有 $T_1 = 2\pi\sqrt{(l_1 + r)/g}$ 和 $T_2 = 2\pi\sqrt{(l_2 + r)/g}$。

所以，重力加速度的值为 $g = \dfrac{4\pi^2(l_1 - l_2)}{T_1^2 - T_2^2}$。

2. 实验仪器

细绳、长刻度尺、金属球、铁架台、秒表。

3. 实验步骤

（1）起摆方法正确，待小球静止后轻拨悬线，防止摆角过大和小球旋转，要在铅垂面内摆动。

（2）须稳态计时，不能计时与释放小球同步。

（3）须保证小球在摆动过程中悬点位置不变。

（4）两次摆长应超过60cm，越长越好。

4. 数据记录和处理

表 2 – 11

l_1（cm）	l_{21}（cm）	T_1（s）	T_2（s）	g（m/s^2）
92.45	98.9	1.9512	2.0169	9.764

实验设计三

1. 设计思路

看到实验室里有水龙头，突发奇想利用水滴下落时做自由落体运动，通过其下落高度、下落时间来测出"重力加速度"。

2. 实验仪器

水龙头、秒表、刻度尺。

3. 实验步骤

（1）在水龙头下面放一个盘子，测出其间的距离 H。

（2）调节水龙头阀门，使第一个水滴碰到盘子的瞬间，第二个水滴正好从阀门处开始下落。方法是边听水滴碰盘子的响声边注视着阀门处的水滴。

（3）从第1滴水落到盘子时开始计时，测出到第51滴水落在盘子时所经过的时间 T。

（4）数据处理：$t = \dfrac{T}{50}$，$g = \dfrac{2H}{t^2}$。

4. 注意事项

（1）要保持水滴滴落稳定。

（2）避免风吹动水滴而影响测量效果。

5. 数据记录和处理

表 2 - 12

H (m)	T (s)	g (m/s^2)
1.17	24.486	9.757

三、实验分析与研究

通过几种不同的实验，发现测量得到的重力加速度均与理论上广州地区重力加速度的值 9.778m/s^2 有一定的误差。虽然这与实验所在地的高度、纬度及受到空气阻力有关，但也离不开操作过程中的实验误差。

另外，实验系统本身也会造成误差。如，实验一、二中测量细绳的长度时，由于钢尺会弯曲，所以测量出来的长度偏大。

又如，实验一、二中用到的单摆周期公式为 $T = 2\pi\sqrt{\dfrac{l}{g}}$，

而实际的公式是 $T = 2\pi\sqrt{\dfrac{l}{g}}\left(1 + \dfrac{1}{4}\sin^2\theta + \cdots\cdots\right)$。

这个公式成立的条件是摆角很小，忽略高次项，设实际测量周期与理论值之比为 A，使 $\theta = 5°$，所以通过对摆角的控制，可以使理论误差减小到可以忽略的程度。但 T 偏大，因为 $g = \dfrac{4\pi^2 l}{T^2}$，所以 g 偏小。

再如，理论上三个实验都要在无外力影响下进行，但事实上这点是办不到的，因为做这三个实验时都会受到阻力的影响，那就是空气阻力。实验一、二中由于受其影响，下落的重力加速度 g 的测量值偏小。

下面以实验一为例分析实验的最大误差：

由公式 $g = \dfrac{4\pi^2 l}{T^2}$ 得相对误差：

$$\frac{\Delta g}{g} = \frac{\Delta l}{l} + 2\frac{\Delta T}{T} + 2\frac{\Delta \pi}{\pi} = \frac{\Delta l_1 + \dfrac{1}{2}\Delta d}{l} + 2\frac{\Delta T}{T} + 2\frac{\Delta \pi}{\pi}。$$

这里，l_1 用米尺测量，取 l_1 约等于 1m，考虑到测量条件所限，可以认为 $\Delta l_1 \approx 2 \times 10^{-3}$ m。小球直径 d 是用游标卡尺测量的，$\Delta d \approx 5 \times 10^{-5}$m，所以 $\dfrac{\Delta l}{l} \approx \dfrac{\Delta l_1}{l_1} \approx 0.002$。$t$ 是用秒表测量的，秒表的精度为 0.1s，共测量 50 个周期，所以 $\Delta T = \dfrac{0.1}{50} = 0.002$s。

因为 $l \approx 1$m 时，$T \approx 2$s，所以 $\dfrac{\Delta T}{T} \approx 0.001$。

由于 π 是无理数，当我们用 3.14 来代表 π 时，就引起了误差。其相对误差的大小为

$$\frac{\Delta \pi}{\pi} = \frac{3.14 - \pi}{\pi}，用计算器来计算得 \frac{\Delta \pi}{\pi} = 0.0005。$$

由上可得：$\frac{\Delta g}{g} = 0.002 + 2 \times 0.001 + 2 \times 0.0005 = 0.5\%。$

所以，可以确定实验结果的正确范围为 $9.787 \pm 0.048 m/s^2$。

四、后记

在进行实验方法和实验设计的研究时，要善于了解实验的设计思想、实验手段、显示方法等。实验设计时的基本思路：首先要注意实验设计的条件和目的，充分运用所掌握的物理知识，设法寻找未知量和已知量之间的物理关系，可能是直接的，也可能是间接的；再通过这些关系寻找直接测量量，灵活运用物理实验方法测量一些难测量的量和把不能测量的量转换为能测量的量进行测量。

参考文献

[1] 青一平. 物理奥林匹克竞赛实验教程 [M]. 长沙：湖南师范大学出版社，1995.

[2] 梁秀慧，刘雪林，曾贻伟. 奥林匹克物理实验 [M]. 北京：北京大学出版社，1994.

[3] 张雄，王黎智. 物理实验设计与研究 [M]. 北京：科学出版社，2001.

第五节　高中物理习题课教学策略

习题课是教师根据教学进程和学生具体学情安排的以习题为载体，通过解决习题帮助学生掌握概念规律，促进知识结构化的基本课型。从中学物理教与学的全过程来看，物理习题教学贯穿整个物理教学的始终，是学生掌握物理知识的一个重要环节。习题是学习巩固和提高的必要环节，在若干重要概念、规律或者一章教学完成后，一般会安排以解题指导为中心任务的习题课。

一、物理习题课教学的作用

1. 巩固与提高作用

巩固和提高已学过的物理知识是习题教学的目的和首要任务，能够帮助学生完成从理论知识到运用知识解决问题的飞跃，进一步活化、深化物理基础知识和基本技能，起到巩固理解物理概念、深刻掌握物理规律的作用。在高中物理习题课教学中，要注重提高学生运用数学方法解决物理问题的能力。在解题过程中，首先是对物理问题呈现的物理现象和过程通过科学思维进行分解和建模，再根据物理概念和规律列方程，常常运用数学方法对物理问题进行分析、推理和讨论。在这一过程中，学生的思维能力、分析问题和解决问题的能力必然会得到有效的提高。

2. 反馈与评价作用

通过习题教学和练习，教师可以随时得到学生学习情况的反馈信息，更好地分析学情，适时调整教学方法、内容和进程。学生通过习题练习可以了解自己掌握物理知识的情况，发现自己理解上存在的错误。对于学生困惑的地方，教师要帮助学生对有关物理概念、规律在理解、解题方法、数学运算等方面查找原因，帮助学生重新学习和弥补认知缺陷，纠正学生常犯的错误。学生平时完成习题的质量和交作业的情况往往作为学期学科总评成绩和学分认定的考查维度，这伴随着学生学习的全过程。及时的反馈和评价能给予学生正面的导向，是一个很好的育人契机。

3. 承前与启后作用

习题教学是概念和规律等新课教学的阶段性教学形式，教师除了要发挥习题复习巩固的作用，还应注意为未来几节课需要学习的概念、规律等新内容设计一些前置问题，并将这些问题以习题的形式呈现出来。学生在完成这些习题时，可以了解新知识的前置情境和预备知识，在学习过程中很顺利地从旧知识过渡到新知识。针对学习关键点，教师要做好突破铺垫，因为前后知识衔接更有利于引导学习，承前与启后有利于促进知识结构化。

二、物理习题课的教学要求

1. 基于单元整体备课，有目的、有计划、有连贯性

对于一个学期、一个学年的习题课教学，教师要在学期初制订教学计划时就考虑好，做到心中有数。习题课的教学除了巩固运用知识，教师还要思考让学生掌握哪些方法、训练哪些思路、培养哪些能力。在每一章的新课教学前，教师要开展基于单元的整体备课，把习题课和新授课有机结合，针对习题课前后的教学内容做好突破铺垫，使前后知识与习题练习衔接连贯，以形成教学合力。

2. 精选习题、注重知识结构化，难度恰当、梯度合理

教师要精选作为示例和练习的题目，对题目进行认真分析：需要用到哪些物理概念、规律；涉及的研究对象和物理过程的复杂程度，以及涉及的条件如何，是否有隐含条件、多余条件；解题中涉及的方法和技巧，以及学生在这方面训练的熟练程度；在发展学生能力、提高学生物理学科素养方面的价值等。选题要突出习题的典型性、针对性、启发性、多样性、综合性，做到循序渐进、融会贯通，引导学生结构化知识。为了课堂教学达成度高，兼顾学生共同基础与差异发展，所选题目必须题量适中、难度恰当、梯度合理。

3. 引导学生程序性解决问题，培养良好的学习习惯

在习题课教学中，教师要加强解题的示范和指导，让学生学会解题的基本思路、基本方法和规范的书写表达。教师要严格要求学生遵循解题的一般程序，让学生养成独立思考、独立完成习题、认真反思总结归纳的良好学习习惯。完成一道题后，教师要示范分析这道题运用了哪些物理概念和物理规律，运用了哪些数学工具，这道题的解题技巧是什么，引导学生学会归纳，从会做一道题提升到会做一类题。

4. 培养学生建模、推理、论证、质疑创新等科学思维能力

学习物理的最终目的是把物理学的知识、方法以及在学习物理中所形成的物理学科核心素养用于认识客观世界和解决实际问题。在高中物理教学中，运用知识解决问题主要表现为解答物理习题，为以后解决生产生活中的实际问题做准备。习题教学在培养学生建模、推理、论证、质疑创新等科学思维能力方面具有不可替代的作用。

三、物理习题课的教学策略

（一）物理习题课的主要教学环节

物理习题课的教学过程主要由五个环节组成：复习知识、教师示范、学生练习、讨论交流、师生总结。

1. 复习知识

通过复习提问或由教师归纳总结，复习与习题有关的知识。在复习的过程中应该找出学过的各知识点之间的逻辑关系，以思维导图或知识框架图的形式呈现出知识结构。教师与学生一起回顾前一阶段学习的典型的物理规律和对应的解题方法。

2. 教师示范

例题教学要展示解题的思路和解题的规范，精选典型的具有普遍指导意义的习题做示范题，设计好如何向学生做解题示范。教师通过对典型例题认真审题—确定研究对象—受力分析—分解物理过程—分过程建立物理模型—根据物理规律列方程—求解—分析讨论结果等解题全过程的示范，在教学过程中从方法步骤着眼，从解题思路入手，启发指导学生抓住解题关键，形成正确的解题思路和方法。

3. 学生练习

教师示范结束后要布置若干道与例题相关的习题让学生练习。注意几道题要有梯度：有简单地按照例题"依葫芦画瓢"求解的体验巩固题；有新情境包装下的"换汤不换药"突出审题建模的题；有方法拓展、解题技巧"旧瓶装新酒"的能力提升题。学生练习过程中，教师要进行巡视指导。

4. 讨论交流

完成练习后，分小组讨论解题过程和心得体会。在小组讨论的基础上，各小组推荐同学到黑板板书习题解题过程，有条件的学校可以用实物投影、手机拍照等多媒体设备将学生答题过程进行展示，让学生讲述自己的解题思路。教师在巡视过程中发现不同解题方法或者学生自报不同解题方法的，提供时间和机会让他们进行展示讲解。

5. 师生总结

对学生的练习情况和展示过程进行简要的总结，总结可以由学生个别发言和教师补充发言或者只由教师单独总结发言的形式进行。主要是针对学生习题中出现的各种各样的问题及其原因进行分析，同时对题目类型、解题步骤进行归纳小结，总结解题的常用方法、解题的技巧和运用的数学工具等。鼓励学生在习题后进行反思，反思计算的正误、方法的优劣，引导学生自主提升解决问题的能力。

（二）基于学业质量标准选编物理习题

高中物理学业质量是依据物理学科核心素养四个方面及其水平，结合课程内容的要求，依据不同水平学业成就表现的关键特征而制定的。根据问题情境的复杂程度、知识和技能的结构化程度、思维方式或价值观念的综合程度等划分为不同水平。每一级水平皆包含物理学科核心素养的四个方面，主要表现为学生在不同复杂程度情境中运用重要概念、思维、方法和观念等解决问题的关键特征。不同水平之间具有由低到高逐渐递进的关系。教师要学习新课程标准，了解高中物理学业质量标准的五级水平，结合学生学情和学业质量标准选编物理习题。本节教学案例"基于学业质量标准，原创高中物理习题"通过五个原创高中物理习题案例分析论述五个水平等级习题的命题思路；归纳原创习题需要注意的四个问题：习题问答科学规范、情境模型紧密相关、习题水平匹配学情、习题体现育人功能。

（三）多种方式创新发展习题功能

1. 一题多解培养学生科学思维和解题能力

一题多解是指从不同的角度、不同的方位来审视物理问题，用不同的物理规律、数学方法和解题技巧求得相同结果的科学思维过程。它可提高学生学习的兴趣、主动性和积极性；可使学生善于从多角度、多层次去分析和思考问题，寻求新颖的解题方法，既有助于开阔学生解决问题的思路，提高学生解决问题的应变能力，又可以最大限度地挖掘学生已有知识的潜在能力；它还可使学生克服思考问题的片面性，避免顾此失彼孤立地分析问题，从而能潜移默化地提高学生审题的能力，达到拓展解题思路和发散思维的目的。

【教学案例】

功的计算（高中物理必修 2 第四章机械能及其守恒定律）

一个圆柱形竖直的井里存有一定量的水，井的侧面和底部是密闭的。在井中固定地插着一根两端开口的薄壁圆管，管和井共轴，管下端未触及井底。在圆管内有一不漏气的活塞，它可沿圆管上下滑动。开始时，管内外水面相齐，且活塞恰好接触水面，如图 2 - 24 所示。现用卷扬机通过绳子对活塞施加一个向上的力 F，使活塞缓慢向上移动。已知管筒半径 $r = 0.100\text{m}$，井的半径 $R = 2r$，水的密度 $\rho = 1.00 \times 10^3 \text{kg/m}^3$，大气压 $p_0 = 1.00 \times 10^5 \text{Pa}$，求活塞上升 $H = 9.00\text{m}$ 的过程中拉力 F 所做的功。（井和管在水面以上及水面以下的部分足够长。不计活塞质量，不计摩擦，重力加速度 $g = 10\text{m/s}^2$。）

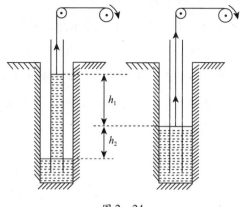

图 2 – 24

解题思路：从开始提升到活塞升至内外水面高度差为 $h_0 = 10\text{m}$ 的过程中，活塞始终与管内液体接触。设活塞上升距离为 h_1，管外液面下降距离为 h_2，则 $h_0 = h_1 + h_2$。

因液体体积不变，$h_2(\pi R^2 - \pi r^2) = h_1 \pi r^2$，则 $h_2 = \dfrac{1}{3}h_1$，$h_1 = \dfrac{3}{4}h_0$ = 7.5m。

题给 $H = 9\text{m} > h_1$，由此可知要经历活塞下面是真空的过程。

以下解题过程分三种方法：

方法一：功能原理

以水为研究对象，活塞移动距离从零到 h_1 的过程中，对于水和活塞这个整体机械能的增量也就等于重力势能的增量：

$$\Delta E = \rho(\pi r^2 h_1)g\frac{h_0}{2} = \frac{3}{8}\pi r^2 \frac{p_0^{\,2}}{\rho g} = 1.18 \times 10^4 \text{ J}$$

大气压力做功：

$$W_p = p_0 \pi (R^2 - r^2)h_2 - p_0 \pi r^2 h_1$$

$$= p_0 \pi [R^2 h_2 - r^2(h_2 + h_1)] = p_0 \pi \left[4r^2 \times \frac{1}{3}h_1 - r^2 \times \frac{4}{3}h_1\right] = 0$$

第一阶段拉力 F 做的功，由功能关系知：

$$W_1 = \Delta E = 1.18 \times 10^4 \text{ J}$$

第二阶段活塞移动距离从 h_1 到 H 的过程中，液面不变，F 是恒力，$F = p_0 \pi r^2$。

$$W_2 = F(H - h_1) = p_0 \pi r^2 (H - h_1) = 4.71 \times 10^4 \text{ J}$$

所求拉力 F 做的总功为 $W_1 + W_2 = 1.65 \times 10^4 \text{J}$。

方法二：动能定理

以活塞为研究对象，如图 $2-25$ 所示，水对活塞下表面的压力 $F_{水}$ 是一个与水位高度差成反比的线性变化力，当水位不再上升而活塞继续上升时，活塞下方是真空的，水对活塞的压力为零。

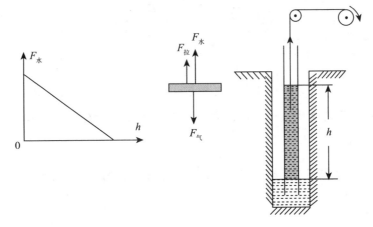

图 $2-25$

$$F_{气} = p_0 \pi r^2$$

$$F_{水} = F_{气} - \rho g h \pi r^2$$

$$\overline{F}_{水} = \frac{1}{2} F_{气} = \frac{1}{2} p_0 \pi r^2$$

（第一阶段）

$$W_{水} = \overline{F}_{水} h_1 = \frac{1}{2} p_0 \pi r^2 \times h_1 = 1.18 \times 10^4 \text{ J}$$

全过程：

$$W_{气} = -\overline{F}_{气} \times H = -p_0 \pi r^2 \times h_1 = -2.83 \times 10^4 \text{ J}$$

全过程动能定理：

$$W_{拉} + W_{水} + W_{气} = 0$$

$$W_{拉} = -W_{水} - W_{气} = 2.83 \times 10^4 - 1.18 \times 10^4 = 1.65 \times 10^4 \text{ J}$$

方法三：图像法

以活塞受到的拉力为研究对象。活塞上表面受大气压力和绳子拉力 F，活塞缓慢上升，处于平衡状态，合外力为零，所以可以画出绳子拉力 F 与活塞高度 h 的图像（如图 2-26 所示），图像面积就是拉力 F 做的功。

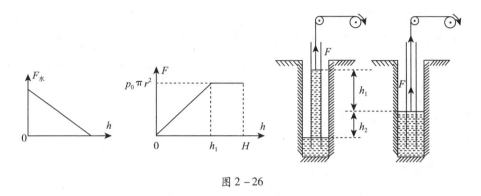

图 2-26

$$W = S_{梯形} = \frac{1}{2} \left[H + (H-h) \right] \times p_0 \pi r^2 = 1.65 \times 10^4 \text{ J}$$

教学反思：这是一道 2001 年全国高考物理试题。本题较难，既涉及有关压强的运算，又涉及功能关系，而且过程比较复杂，尤其是要判断活塞和液面之间是否出现真空。无论多么复杂，都是由一些简单过程组成的，要注重过程分析，正确选用所学规律进行求解。解答本题需要掌握：液体压强的产生；正确判断活塞和液面之间是否出现真空；活塞上升过程分为两个过程，正确求出这两个过程中拉力做的功；在求功过程中，对于变力做功，要正确应用功能关系求解。功的计算方法和思路是机械能这一章的教学重点，本题通过一题多解的方式展示了计算变力做功的三种方法的功能原理、动能定理和图像法。一题多解的关键是学生通过一次审题从不同角度去解决问题。将时间和精力聚焦在问题和解决方法上，提高了教与学的效率；在课堂教学上营造了"看谁能想出更多更好的办法"的比赛氛围，提高学生学习兴趣。真实课堂上教学研究讨论气氛浓厚，学生想出了第四种、第五种解题方法，限于篇幅无法在此——罗列。一题多解锻炼了学生的发散思维，发展了学生的创新潜力。

2. 一题多变培养学生发散思维和创新能力

一题多变在于对某个问题进行多层次、多角度、多方位的探索。适当的一题多变，可以激发学生去发现和去创造的强烈欲望，加深学生对所学知识的深刻理解，锻炼学生思维的广度和深度，从而培养学生的发散思维和创新能力。

设计一题多变首先应该能够体现物理问题的层递性，每一问、每一变都体现层层递进、步步深入、环环相扣的密切联系。一题多变设计应能够体现物理知识和规律的关联，以便于学生思考问题时思路的发展。用一系列相似、关联的题目培养学生的观察能力，使学生了解物理问题从简单到复杂、从一般到特殊的探索规律。设计时还应该注意尽可能多给些信息，多用简单明了的符号，或者是多些图形，让学生可以从不同的角度去审题，从而得出更多有用的信息来解决问题。

【教学案例】

带电小球在复合场中的运动问题（高中物理选择性必修2第一章磁场）

如图 2 - 27 所示，质量 $M = 0.4\text{kg}$、足够长且粗细均匀的绝缘细管固定放置在水平面上，细管内表面粗糙、外表面光滑。一个质量 $m = 0.1\text{kg}$、电量为 $q = -0.1\text{C}$ 的带电小球沿管方向以 $v_0 = 20 \text{ m/s}$ 的初速度进入管内，细管内径略大于小球直径，已知细管所在位置有水平方向的垂直于管子指向管内的匀强磁场，磁感应强度 $B = 1\text{T}$，则系统最终产生的内能为多少？

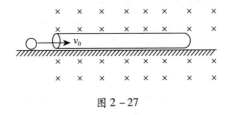

图 2 - 27

小球受到的重力和洛伦兹力均向下，因此小球受到的摩擦力 $f = \mu(qvB + mg)$。小球一直做减速运动，摩擦力不断减小，但在小球静止前，摩擦力始终不为零，因此系统最终产生的内能等于小球动能的减少，即 $\Delta E = \dfrac{1}{2}mv_0^2$。

变式1：只将小球的电量改为 $+0.1\text{C}$，求系统最终产生的内能。

此种情况下，小球初态所受的洛伦兹力向上，且 $qv_0B > mg$，则小球挤压上管壁，所受摩擦力 $f = \mu(qvB - mg)$，小球做减速运动，当满足 $qvB = mg$

时，小球与管道间弹力为零，摩擦力为零，小球此后将做匀速运动，故系统产生的内能 $\Delta E = \frac{1}{2}mv_0^2 - \frac{1}{2}m\left(\frac{mg}{qB}\right)^2$。

变式2：将题中的细管改为放置在光滑水平面上，且小球的电量为 $+0.1\text{C}$，求系统最终产生的内能。

如此设问以后，小球与细管水平方向通过摩擦力发生相互作用，两者都会运动，相互作用过程中动量守恒，直到最后两者达到共速。由 $mv_0 = (M + m)v$，$\Delta E = \frac{1}{2}mv_0^2 - \frac{1}{2}(M + m)v^2$ 可以求出系统产生的内能。

变式3：将题中的细管改为放置在光滑水平面上，且小球的电量为 -0.1C，再求系统最终产生的内能。

这种情况下，小球与细管水平方向通过摩擦力发生相互作用，两者相互作用过程中动量守恒，但是两者可能达到共速，也可能达不到共速。判断是否能达到共速，是要比较两者间的正压力是否在共速前就已经变为零。假设能达到共速，则 $mv_0 = (M + m)v$，可以求得 $v = 4\,\text{m/s}$，而两者间弹力恰好为零时的速度 $v' = \frac{mg}{qB} = 5\,\text{m/s}$，$v' > v$，说明最终两者未达到共速。

由 $mv_0 = Mv_M + mv'$，$\Delta E = \frac{1}{2}mv_0^2 - \frac{1}{2}Mv_M^2 - \frac{1}{2}mv'^2$ 可以求出系统产生的内能。

变式4：在变式2、变式3的基础上，不说明小球的电性，让学生直接讨论……

教学反思：由典型例题出发，引申出若干个变式问题，将简单的知识点逐步递进融合，使其综合性不断增强，形成有效的"变式网络"，为学生解题能力的提升提供必要的指导。它可以让教师和学生都跳出题海，建构知识网络，优化习题功能，以"变"促学，最终达到提升学生思维水平的目的。

3. 多题归一培养学生综合思维和归纳能力

大多数物理问题，尽管在题型和研究对象上都表现不同，却有着相同的本质。在习题课中，教师将这些"形异质同"的问题归类，以题组的形式呈现，引导学生分析和探究，可以使其快速把握这些问题共同的本质特征，掌握这一类问题的规律，从而达到事半功倍的学习效果，提升学生的综合归纳能力，使其摆脱"题海"的苦恼。例如：

题1：如图2-28甲所示，在水平光滑地面上，质量为 M 的物块在大小为 F 的水平拉力作用下，由 A 静止出发，经过时间 t 运动到 B，求 A，B 之间的位移。

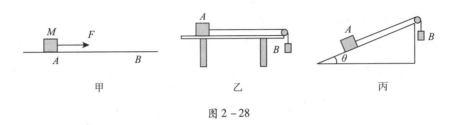

甲　　　　　　　　乙　　　　　　　　丙

图 2-28

题2：如图2-28乙所示，在水平光滑的桌面上，质量为 M 的物块 A 与质量为 m 的物块 B 通过细绳和光滑定滑轮组成一个连接体。静止释放 B 后，经过多长的时间后 B 在空中下降的高度为 h？

题3：如图2-28丙所示，在固定的倾角为 θ 的光滑斜面上，质量为 M 的物块 A 与质量为 m 的物块 B 通过细绳和光滑定滑轮组成一个连接体。静止释放后，经过时间 t，B 在空中下降高度为 h，求细绳的张力。

学生完成这三道习题，通过归纳分析可知解决力和运动的问题，核心是运用牛顿第二运动定律求加速度。对合外力、位移、时间、质量、加速度等概念之间的关联有了更加深刻的认识，达到了"以不变应万变"的解题境界。"多题归一"同时渗透了从条件到结果相互逆转的解题思想，有效提升了学生对此类问题的求解能力，培养了学生的综合思维和归纳能力。

4. 加强作业设计研究，创新作业方式

高中阶段学科数量多，学科知识容量大，这些客观因素造成学生学习任务比较重。学生学习负担重主要体现在作业上，课外作业普遍存在的问题有：作业量大且目标不明确，机械重复性训练多，缺乏问题情境，对高阶思维考查较少；作业类型单一且选择题比重大，不利于诊断；作业内容多指向碎片化知识点及其应用，不利于结构化；作业题目存在缺乏科学性、规范性问题；作业跟进措施不够，功能发挥不充分；等等。

课后习题练习是课内教学的延伸，好的习题作业可以巩固课堂教学质量，提升学生解决问题的能力。针对班级学生整体和个体的特点布置分层作业，分必做作业和选做作业。考虑到学生有多学科的学习任务，以中等学生在20

~30 分钟内完成一科作业为标准控制作业量，给学生留有自由支配的学习时间，更有利于不同水平学生进行个性化学习，引导学生学会学习。作业内容设计上要多一些基于真实情境，具有开放性、实践性、探究性的习题，以激发学生学习兴趣。可以尝试与语文、数学、化学、生物等学科合作，设计跨学科作业，引导学生将全学科知识相互联系，聚焦学生核心素养，提升立德树人的育人质量。

【教学案例】

基于学业质量标准，原创高中物理习题

教育部颁布的《普通高中物理课程标准》提出，要进一步提升学生综合素质，着力发展学生的核心素养；明确学生完成本学科学习任务后学科核心素养应该达到的水平，以各水平的关键表现构成评价学业质量的标准。教育部考试中心提出的中国高考评价体系主要由"一核""四层""四翼"三部分内容组成。物理习题的立意要落实立德树人根本任务，围绕"核心价值""学科素养""关键能力""必备知识"的"四层"考查内容进行原创。物理习题的难度和题型要符合"四翼"考查要求，有考查学科素养的必备知识与关键能力的基础性题目；有考查在学习探索问题情境中运用知识能力去解决问题的综合性题目；有考查在生活实践问题情境中运用知识能力去解决实际问题的应用性题目；有考查在生活实践问题情境或学习探索问题情境中创新运用知识技能去解决开放性问题的创新性题目。

一、学业质量水平

物理学业质量标准依据物理学科核心素养中的物理观念（概念规律和物理模型）、科学思维、科学探究、科学态度与责任等方面，根据问题情境的复杂程度、知识和技能的结构化程度、思维方式和价值观念的综合程度等划分为五级水平。高中物理学业质量分五级水平，既是指导学生自主学习和评价，指导教师开展日常教学设计、命题和评价的重要依据，也是高中学业水平考试命题的重要依据。如图 2-29 所示，不同水平之间具有由低到高逐渐递进的关系。

学业质量水平

	概念规律	物理模型	科学思维	科学探究	态度责任
水平五	清晰系统理解，正确解释自然现象，综合灵活解决实际问题	能将较复杂实际问题中的对象过程转换成物理模型	对新情境综合性问题进行分析、推理和正确解释，解决问题具有新颖性	对真实情境，制定有新意的科学探究方案，撰写完整规范的科学探究报告	较强的学习和研究物理的内在动机，养成保护环境、促进可持续发展的良好习惯
水平四	理解概念规律，正确解释自然现象，综合解决实际问题	能将实际问题中的对象和过程转换成所学的物理模型	对综合性物理问题进行分析和推理，解决物理问题，对已有结论提出有依据的质疑	准确表述可探究的物理问题，制定研究方案，撰写完整的实验报告	有学习和研究物理的内在动机，具有保护环境、促进可持续发展的责任感
水平三	了解概念规律，解释自然现象，综合解决实际问题	能在熟悉的问题情境中选用恰当模型解决简单的物理问题	对常见的物理问题进行分析、推理和解释；能对己有观点提出质疑	能提出可探究的物理问题，能用科学语言交流科学探究过程和结果	有较强的学习和研究物理的兴趣，认识到人类在促进可持续发展的责任
水平二	了解概念规律，解释简单的自然现象，解决简单的实际问题	能在熟悉的问题情境中应用常见物理模型	能使用简单和直接的证据表达自己的观点；具有质疑和创新的意识	能根据已有的方案进行科学探究，陈述科学探究过程和结果	有学习物理的兴趣，了解科学技术与社会环境的关系
水平一	初步了解概念规律与自然现象和问题解决的联系	能说出一些所学的简单的物理模型	区别观点和证据，知道质疑和创新的重要性	具有问题意识，能对数据进行初步整理	对自然界有好奇心，知道科学技术与社会环境存在相互联系

学业质量描述

图 2-29

二、原创习题案例分析

1. 水平一习题

"5 分钟即兴演讲""小球释放后 3 秒末落地""12 秒 80 是男子 110 米栏最新世界纪录""晚自习上课时间 19 点 00 分""南方航空 CZ3999 航班计划 15:00 在广州白云机场 T2 起飞，历时 3 小时 20 分于 18:20 到达北京大兴机场"。上述表述中表示时间的有哪些？表示时刻的有哪些？

解析：表示时间的有 5 分钟、12 秒 80、3 小时 20 分；表示时刻的有 3 秒末、19 点 00 分、15:00、18:20。

原创命题立意：让学生初步了解时间和时刻两个物理概念，了解日常生活关于时间和时刻的各种表述，并能做出正确的区分。

2. 水平二习题

海滩上的游客看到海面波浪正平稳地以 2.0 m/s 的速度向着岸边传播，远处漂浮着一块泡沫塑料，泡沫塑料并不向岸边靠近。游客还发现泡沫塑料

到达最高点的最小时间间隔为 2.0 s，下列说法正确的有（　　）

    A. 海面波是纵波

    B. 海面波的波长为 2.0 m

    C. 泡沫塑料在 2.0 s 内完成一次全振动

    D. 泡沫塑料的动能是由海面波的能量转化过来的，它在最高点时动能最小

    E. 海面波没有将泡沫塑料推向岸边，是因为波传播时振动的质点并不随波迁移

解析：海面的海水上下运动，波沿海面传播，质点振动方向与波传播方向垂直，这是纵波的特点，所以 A 正确；质点在平衡位置的振动不随波的传播而迁移，所以 E 错误；泡沫塑料到达最高点的最小时间间隔为 2.0 s，说明泡沫塑料在 2.0 s 内完成一次全振动，C 正确；波的周期为 2.0 s，所以波长为 $\lambda = vT = 4$ m，B 错误；泡沫塑料在最高点时，等于振动过程最大位移处，此时动能是最小的，所以 D 正确。

原创命题立意：将泡沫塑料的运动与海面波的运动联系起来，让学生能用简单的证据透过表面现象深入物理规律的本质，解释简单的自然现象问题。

3. 水平三习题

如图 2-30 所示，水上飞行器是一种水上飞行游乐产品，利用脚上喷水装置产生的巨大推力，可以把一个成年男子提升到离水面较高的位置。请你估算每秒钟喷水装置向下喷出的水总动量大小的合理范围是（　　）

图 2-30

A. 10 ~ 50 kg · m/s

B. 60 ~ 90 kg · m/s

C. 100 ~ 200 kg · m/s

D. 300 ~ 600 kg · m/s

解析：成人男子体重约 60 kg，重力约等于 600 N，喷水装置喷出的水由于反冲作用给成人男子的作用力为 600 N。若不考虑水的初动量，由牛顿第三定律可知，喷出的水受到的作用力为 600 N，1 s 喷出的水受到的冲量为 600 N · s，根据动量定理得每秒钟喷水装置向下喷出的水总动量为 600 kg · m/s；若考虑水的初动量，极端情况下水的初动量方向与水的末动量方向相反，则每秒钟喷水装置向下喷出的水总动量为 300 kg · m/s；所以 D 正确。

原创命题立意：将"水上飞行器"真实情境与反冲运动模型联系在一起，运用动量定理和牛顿第三定律，根据生活常识并做合理设定和判断，通过定量估算获得结论。

4. 水平四习题

农村建房需要把地面上的砖搬到高度 $H = 2.6$ m 的楼面平台上，现设计两个装置来完成这项工作。如图 2 – 31 所示，带有弹簧和导轨的发射装置，导轨长 $l = 1$ m，导轨倾角 $\theta = 53°$，砖与导轨的动摩擦因数 $\mu = 0.5$；左边开口质量为 $M = 0.5$ kg 的塑料筐通过长为 $R = 0.45$ m 的轻绳系在木架上组成接收装置，塑料筐与楼顶在同一个水平面上。选取与楼房合适距离 L，将一块质量为 $m = 1$ kg 的砖发射到空中，在最高点刚好与处于最低点静止的塑料筐发生完全非弹性碰撞，砖和塑料筐一起转过 90° 时速度刚好为零。砖和塑料筐的运动都在同一个竖直平面内，假设砖和塑料筐均可看作质点，弹簧的线度很小可忽略，g 取 10 m/s²，（ $\sin 53° = 0.8$，$\cos 53° = 0.6$）请计算（结果保留两位有效数字）：

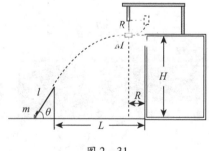

图 2 – 31

（1）砖与塑料筐碰撞前瞬间的速度大小 v_1 和轻绳对塑料筐的最大拉力 F；

（2）发射装置发射时弹簧储存弹性势能 E_p。

解析：（1）砖和塑料筐完全非弹性碰撞。设碰撞后速度为 v_2，由动量守恒定律可得：

$$mv_1 = (m + M)v_2$$

砖和塑料筐碰撞后做圆周运动，由机械能守恒定律可得：

$$\frac{1}{2}(m + M)v_2^2 = (m + M)gR$$

解得 $v_2 = 3.0\ \mathrm{m/s}$；$v_1 = 4.5\ \mathrm{m/s}$。

砖和塑料筐碰撞后在最低点轻绳对塑料筐的拉力最大，由牛顿第二定律可得：

$$F - (m + M)g = (m + M)\frac{v_2^2}{R}$$

解得 $F = 45\mathrm{N}$；方向竖直向上。

（2）砖从发射到与塑料筐碰撞前这一过程，由能量守恒定律可得：

$$E_p = mgH + \mu mgl\cos\theta + \frac{1}{2}mv_1^2$$

解得 $E_p = 39.125\ \mathrm{J} \approx 39\ \mathrm{J}$。

原创命题立意：让学生能将砖从发射到接收的实际过程分解转换成所学的弹簧做功、完全非弹性碰撞、圆周运动等物理模型；运用牛顿第二定律、动量守恒定律、机械能守恒定律、能量守恒定律等物理知识解决农村生产生活实际问题；对综合问题进行分析、推理和计算从而获得结论。

5. 水平五习题

如图 2 - 32 所示，间距 $L = 0.4\ \mathrm{m}$ 平行金属导轨 MN 和 PQ 水平放置，其所在区域存在磁感应强度 $B_1 = 0.5\ \mathrm{T}$ 的竖直向上的匀强磁场；轨道上 cd 到 QN 的区域表面粗糙，长度 $s = 0.3\ \mathrm{m}$，其余部分光滑。光滑导轨 QED 与 NFC 沿竖直方向平行放置，间距为 L，由半径 $r = \frac{3}{16}\ \mathrm{m}$ 的圆弧轨道与倾角 $\theta = 37°$ 的倾斜轨道在 E、F 点平滑连接组成，圆弧轨道最高点、圆心与水平轨道右端点处于同一竖直线上；倾斜轨道间有垂直于导轨平面向下的匀强磁场，磁感应强度 $B_2 = 1.0\ \mathrm{T}$、质量 $m_1 = 0.2\ \mathrm{kg}$ 的金属棒 ef 光滑；质量 $m_2 = 0.1\ \mathrm{kg}$ 的金属棒 ab

粗糙，与导轨粗糙部分的动摩擦因数 $\mu = 0.2$，两棒粗细相同，阻值均为 $R = 0.1\ \Omega$；倾斜轨道端点 CD 之间接入的电阻 $R_0 = 0.3\ \Omega$；初始时刻，ab 棒静止在水平导轨上，ef 棒以 $v_0 = 2\ \text{m/s}$ 的初速度向右运动。若不计所有导轨的电阻，两金属棒与导轨始终保持良好接触，水平轨道与圆弧轨道交界处竖直距离恰好等于金属棒直径，忽略感应电流产生的磁场及两个磁场间的相互影响，取重力加速度 $g = 10\ \text{m/s}^2$，$\sin 37° = 0.6$，$\cos 37° = 0.8$，求：

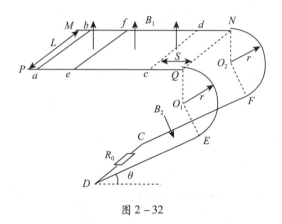

图 2-32

（1）两棒在水平轨道运动过程中，通过 ab 棒的最大电流；

（2）若两棒的距离增加 $x = 0.5\ \text{m}$ 时，ef 棒恰好到达 QN 位置，求此时两棒的速度大小；

（3）初始时刻至 ef 棒恰好达到稳定状态的过程中系统产生的焦耳热。

解析：（1）两棒在水平轨道运动过程中，初始时刻有最大电流：

$$E = B_1 L v_0$$

$$I = \frac{E}{2R}$$

解得 $I = 2\ \text{A}$。

（2）当 ef 棒到达 QN 前，由于两棒距离增大 $0.5\ \text{m}$，由此判断 ab 棒在 cd 的左侧。两棒受到的合外力等于零，系统动量守恒。设 ef 棒和 ab 棒的速度分别为 v_1 和 v_2，则 $m_1 v_0 = m_1 v_1 + m_2 v_2$。

设两棒距离增加 $x = 0.5$ m 用时为 Δt，对于 ab 棒，由动量定理可得：

$$B_1 \bar{I} L \Delta t = m_2 v_2 - 0$$

$$q = \bar{I} \Delta t$$

两棒距离增加 $x = 0.5$ m 时通过回路的平均电流 $\bar{I} = \dfrac{\bar{E}}{2R}$。

平均感应电动势 $\bar{E} = \dfrac{\Delta \Phi}{\Delta t} \Delta \Phi = BLx$。

解得两棒速度的大小为 $v_1 = 1.5$ m/s；$v_2 = 1$ m/s。

（3）当 ef 棒离开水平轨道后，ab 棒在 cd 左侧做匀速直线运动，进入 cd 右侧后，若一直减速运动到停止，则由动能定理可得：

$$-\mu m_2 g \Delta s = 0 - \frac{1}{2} m_2 v_2^2$$

解得 $\Delta s = 0.25$ m $< s = 0.3$ m。

假设成立，所以 ab 棒静止在水平导轨上。

对于 ef 棒，若恰好能沿圆弧运动的速率为 v，则 $m_1 g = \dfrac{m_1 v^2}{r}$，$v = \sqrt{\dfrac{15}{8}}$ m/s $< v_1 = 1.5$ m/s，所以 ef 棒可以沿圆弧运动。

设 ef 棒到达圆弧底端的速度为 v_e，由动能定理可得：

$$m_1 g r (1 + \cos\theta) = \frac{1}{2} m_1 v_e^2 - \frac{1}{2} m_1 v_1^2$$

解得 $v_e = 3$ m/s。

ef 棒进入倾斜轨道时，由牛顿运动定律可得 $m_1 g \sin\theta - B_2 I_2 L = m_2 a$

$$I_2 = \frac{B_2 L v_e}{R + R_0}$$

解得 $a = 0$。

即 ef 棒进入倾斜轨道将做匀速直线运动达到稳定状态。

所以系统产生的焦耳热为 $Q = \dfrac{1}{2} m_1 v_0^2 - \dfrac{1}{2} m_1 v_1^2 - \dfrac{1}{2} m_2 v_2^2$。

解得 $Q = 0.125$ J。

原创命题立意：这是一个双金属棒分别在水平轨道和斜轨道上运动的力电综合问题，利用学习探索问题情境考查学生创新运用知识技能解决问题的能力。要求学生能清晰、系统地理解动生电动势、欧姆定律、平均电流、动量定理、动能定理和牛顿运动定律、动量守恒定律、能量守恒定律等物理概念和规律；熟练掌握圆周运动、匀变速直线运动、闭合电路、摩擦力做功等物理模型；在新的情境中对综合性物理问题进行分析和推理，获得正确结论并做出解释。

三、原创物理习题应注意的问题

1. 习题问答科学规范

物理学原理是自然科学的真理，是物理习题必须依据的基础。原创习题中对问题的描述、情境的设置、数据的选取、解题方法的要求和问题解得结果，都应符合客观实际，不能出现逻辑错误，不能与实践相矛盾，不能与所学的概念和规律相违背。物理学的严谨要求物理习题的条件和结论间的因果关系都有较强的逻辑性，原创习题情境要注意概念清晰、判断准确，极力避免自相矛盾的条件和结果。习题的语言表达要清晰、精确、严密，不能有似是而非、模糊不清的提法，习题以及解答过程使用的术语、物理量和单位要准确和规范。

2. 模型情境紧密相关

习题考查的物理模型要贯穿于问题情境过程，学生只有通过阅读文字表述理解问题情境，才能从中归纳抽象出恰当的物理模型。阅读理解问题情境的能力是学生解决生产生活实际问题或学习探索问题的必要条件。尽量避免把情境这顶"帽子"摘掉后，影响习题解答的"戴帽子情境习题"。

3. 习题水平匹配学情

习题有建构知识、发展能力、开阔视野、解读教科书、巩固知识、检测学习缺陷和学习水平等功能。学业质量水平二是高中毕业生应达到的合格要求，是学业水平合格性考试的命题依据，学业质量水平四是用于高等院校招生录取的学业水平等级性考试的命题依据。习题水平应该与学生学习水平和考试要求相匹配，有恰当的思维难度，让学生"跳一跳、摸得到"，使学生既不至于无从下手，也不会觉得没挑战性，过难和过易的问题既不利于学生的学习，也不利于调动学生的积极性。

4. 习题体现育人功能

根据学业质量要求，结合教学内容，合理选择习题，通过学生练习检测，促进学生物理学科核心素养的提升及相关水平的达成。设置来源于生产生活的实际问题情境，有助于提升学生综合运用知识解决实际问题的能力；同时使学生充分感受到物理学是人类认识自然的方式之一，养成保护环境、节约资源、促进可持续发展的良好习惯，促进教、学、考有机衔接，形成育人合力。

第六节　高中物理复习课教学策略

遗忘是动物界的一种自然特性。根据人类生理机制，克服遗忘的最好方法是复习。只听讲不复习会使任何课程都不能学好。物理复习课是帮助学生巩固知识、发展能力的一种重要的教学方式，是物理教学的重要组成部分，它贯穿于所有学段的教学过程中，是提高教学质量的重要举措。

一、物理复习课教学的作用

复习课是高中物理教学的基本课型之一。复习是把一段时间所学的物理知识进行回顾总结，对学习过程中存在的知识漏洞和欠缺进行弥补。复习的目的在于巩固和加深理解所学的知识。复习不只是简单地再现过去的内容，也不仅是为了防止遗忘，而应该是站在更高的起点，往回看学过的各部分知识之间的联系与区别，把各章各节的知识融会贯通，使学生对已熟悉的概念理解得更加全面、深刻，更加深入事物的本质，从而获得更加简明扼要、更加巩固可靠的结论，达到"温故而知新"的目的。复习包括知识的加深和技能的发展，同时对各种能力进行训练和提高，为学习新知识打下坚实的基础。

二、物理复习课的教学要求

1. 巩固物理概念和规律的理解和运用

学生在初学某一个概念或规律时，不可能理解得很深刻、很全面，往往还会出现某些错误或缺陷、遗留各种问题。复习课要帮助学生回顾以前所学的知识，进一步纠正学生认识上的错误，弥补知识结构的缺陷，使学生对物理概念和物理规律理解得更深刻，更加熟练地运用物理概念和物理规律解决问题。

2. 引导学生自我重构和完善知识体系

复习课不是新授课的"压缩饼干"，应该是更高层次的新授课，不仅回归知识，还串联知识、整合知识，加深知识内涵理解，拓宽外延认知，形成有利于综合运用的结构化知识体系，实现学生对物理认知层次的提升。

3. 提升学生科学思维的深度和广度

复习是促进学生能力发展的过程。经过一段时间的知识积累，到了复习阶段，学生对已经学过的知识与方法进行进一步的分析、综合、比较和概括等思维活动，再解决较为复杂情境的物理问题。教师要精心设计问题，促进学生形成应用、变通和迁移等科学方法，进一步培养学生科学思维能力。

三、物理复习课的基本教学环节

教无定法，教学有法，贵在得法，复习课的教学过程多种多样，但它们都有一些基本的环节。

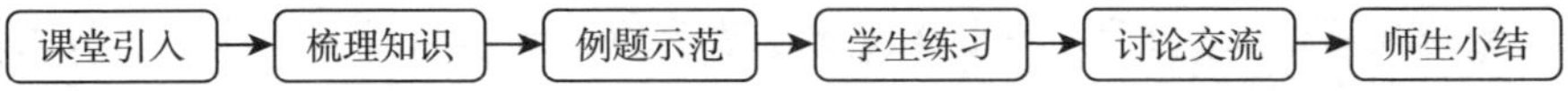

课堂引入 → 梳理知识 → 例题示范 → 学生练习 → 讨论交流 → 师生小结

图 2 - 33

1. 课堂引入

向学生阐明复习的目的和内容，让学生在复习过程中做到胸中有数，有的放矢地参与到复习学习活动中来。

2. 梳理知识

针对本节复习课的目标和内容，课前可以安排学生对已学过的知识进行自我梳理、整理归类，让学生查找自己掌握知识的漏洞和薄弱环节，带着问题来上复习课。由于复习的内容是学生已经学过的知识，不能简单地重复，要注意梳理知识脉络，引导学生站在更高的角度回看已经学过的知识，建立知识体系框架。通过设置一系列的问题情境将复习内容根据思维逻辑关系串联起来，把旧内容上出新意来，激发学生复习的兴趣。

【教学案例】

"近代物理学史"的复习

在复习近代物理的时候，涉及知识点多，比较琐碎，学生感觉比较枯燥，很多教师和学生都感觉复习效果欠佳。但在复习的过程中不难发现，近代物理涉及了许多著名的物理学家和物理学史，学生往往对物理学家和物理学史感兴趣，于是可以在复习的时候，以物理学家和物理学史为主线，将知识穿插其中来提高复习的效率。

比如复习原子物理，可以从普吕克尔发现阴极射线，汤姆孙在对阴极射线的研究中发现了电子切入，然后回顾汤姆孙发现电子的过程，测出电子的荷质比，密立根测出电子的带电量，于是可以算出电子的质量。电子是从原子里出来的，说明原子可以再分，那么电子在原子里是怎么分布的呢？汤姆孙首先提出"枣糕模型"，他的学生卢瑟福为了检验老师的理论是否正确，于是用 α 粒子大角散射实验进行判断，实验结果显示"枣糕模型"不正确（插入实验的观察结果），于是卢瑟福提出了原子的核式结构模型。原子的核式结构模型非常符合实验结果，但是与经典的电磁理论发生了矛盾，于是卢瑟福的学生玻尔结合老师的理论，在普朗克、爱因斯坦、巴尔末等科学家理论的启发下，提出了轨道量子化假设、能级假设和跃迁假设，能成功地解释氢原子光谱，再引出光谱……

教学反思：通过以上复习，原子物理部分就可以由普吕克尔—汤姆孙—卢瑟福—玻尔这几位科学家的理论串联起来（其中汤姆孙—卢瑟福—玻尔还依次是师生关系），根据他们出现的先后和所做的理论贡献，把高考要考的知识及需要练的习题穿插其中，就可以取得非常好的效果。

3. 例题示范

在分析学生学情的基础上，教师要精选例题进行讲解。例题示范要从易到难、循序渐进，在启发学生思维和解决例题的过程中帮助学生解决答题不规范、思路不清晰、概念混淆、规律不明等问题。对于例题中的难点、易错点和知识盲点等，可以根据课堂教学具体情况采用由教师讲授或者教师引导启发学生思考讨论分享，教师再做小结的方式进行教学。

4. 学生练习

精选涵盖本节复习课知识内容的习题，习题要突出重点和考点，具有代表性、普遍性和综合性。学生在课堂中独立完成，教师巡回做个别指导，了解学生完成情况，为下一步讨论交流选择答题有特点的学生。

5. 讨论交流

完成练习后，分小组讨论运用复习知识点解题的心得体会，提供时间和机会让答题有特点的学生进行展示讲解。

6. 师生小结

教师对学生的练习情况和展示过程进行简要的总结，同时结合所复习知识点对题目类型、解题步骤进行归纳小结，总结复习知识点时解题的常用方法、解题的技巧和运用的数学工具等；引导学生在课后对知识框架和解题思路进行反思归纳，培养学生形成物理概念和自主提升解决问题的能力。

四、物理复习课的教学策略

物理复习课可分为平时复习、阶段复习、高三一轮复习、高三二轮复习等。根据课程标准、教材内容的特点、高考评价体系要求和学生对教材掌握的具体情况，应采取相应的高效的教学方法来实现复习教学目标。

（一）平时复习的教学策略

平时复习包括引入新课的复习和巩固新课的复习。平时复习主要是综合和概括当堂教学内容。

1. 注重学法指导，教会学生学习

老子曰："授人以鱼，不如授人以渔，授人以鱼只救一时之急，授人以渔则可解一生之需。"学生是学习的主体，在课堂教学中我们要以学生的学为中心。忽视对学生的学法指导，很难提高课堂教学的质量。在复习课中，我们可以站在更高的角度回顾前面学过的知识和方法，从而更有条件来指导学生学会阅读、学会思考、学会归纳和学会应用等。因此，教师要根据物理学科特点、课程标准、教科书要求和学生具体情况教会学生学习。

2. 发挥习题作用，培养模型能力

物理模型是根据所研究对象的形状、大小、运动过程、状态、结构等特征，抓住主要因素，忽略次要因素而建立起来的一种高度抽象的、理想化的实体、概念和过程。著名物理学家钱学森先生说过："模型就是我们对问题现象的分析，利用我们考究得来的机理，吸收一切主要的因素，略去次要的因素所创造出来的一幅图画。"

3. 示范引领养成良好答题习惯

著名教育家叶圣陶先生说："教育就是要培养良好的习惯。"良好的学习习惯是提高学业成绩的重要保证，也是一个人成才的重要因素。在很多时候，一个什么样的老师，就会教出什么样的学生。所以在教学中，教师应做到言行一致，一切都是为了学生的长远发展，用自己的行动来潜移默化地影响学生。在复习课中，教师常常需要示范解题过程，重视每一次练习中的答题规范要求，从文字叙述、表达式书写、标准作图、准确计算等方面严格要求学生，力争其每个细节都不丢分。

（1）书写是第一要紧的，很多学生的书写潦草凌乱，造成不必要的失分。

（2）写出的方程式必须是最基本的，不能以变形的结果式代替方程式。

（3）注意规范性，题目中没有规定字符的物理量要设一些常用的字符；题目中已经出现的字符，要严格按照题目的意思使用，不要随便挪用。

（4）注意题目的要求，比如有效数字，比如保留几位小数，比如重力加速度的大小到底是多少，不要一味地按照自己平时的习惯答题。

（5）对于复杂的物理情境，应该一步一步地细心完成，不要随意跳过。

（6）尽量不要写连等的公式，连等公式中如果出错，容易导致被多扣分。

（7）不要一边写公式一边代入数值，尽量先把公式写全，最后出结果；不同的过程，需要应用到不同的公式时，最好能够明确地写出来；注意保证计算过程的完整性，不要认为某些公式很简单就跳过了。

（8）画图及书写：物理试题中常常需要画图，网上阅卷需要进行扫描，用刻度尺、量角器等工具辅助作图，先用铅笔画图检查无误后再用水笔描黑，合理安排好答题的版面，答题不要超出答卷的方框。

（二）阶段复习的教学策略

1. 针对学生薄弱环节开展高效教学

教师根据各学校使用的电子阅卷系统整理出学生在过去一个阶段的答题

情况或者通过复习前的诊断测试了解学生的薄弱环节。对于大部分学生有障碍的地方，教师要重点在全班讲解，有针对性地通过思考、练习、讨论来澄清认识，弥补学生知识上的漏洞。

2. 指导学生自主构建结构化知识体系

阶段性复习涉及的内容比较多。教师要突出重点，抓住关键，打破教科书的章节界限，按照知识内在的联系重新组织教学内容，指导学生将复习内容的基本概念、基本规律以及基本方法组成一个框架，画出按照自己理解的物理知识思维导图。

3. 物理方法教育提升学生的关键能力

科学方法是解决科学问题的手段，方法是从知识学习到能力发展之间的中间环节，是沟通知识和能力的桥梁。物理学方法包括物理学研究方法、物理学理论体系的建立方法和物理学理论的学习和传播方法。在复习课教学过程中，主要是进行物理学研究方法的教育和物理学学习方法的教育。物理学研究方法主要有观察方法、实验方法、理想方法、类比方法、假说方法和数学方法六种。例如：数学是物理学的语言和工具，概括物理现象、形成物理概念、整理实验数据、进行逻辑分析、建立物理定律、利用数学图像展示物理规律等物理学的研究和学习过程都离不开数学。在复习课教学中，教师要重视对学生进行数学方法教育。

在复习课中、在作业布置和批改过程中，教师应通过严格的要求，持之以恒地、耐心地对学生进行学习方法的教育，要求学生做好预习、听课、复习、作业、归纳"五连环"学习，多联系实际、多提出问题、重视自学和课外阅读、重视自我总结和自我调整，培养学生认知能力、合作能力、创新能力等关键能力。

（三）高三一轮复习的教学策略

高三第一轮复习主要是按照力、电、热、光和原子物理等章节的顺序进行的。通过回顾、巩固和加深学生对物理概念、物理规律的理解，将主干知识、重点知识向纵横方向引申和扩展，构建知识体系，有利于知识的迁移和综合应用。

1. 学习高考评价体系，把握课程标准，抓实必备知识

学习高考评价体系对高考的顶层设计思路与要求，明晰高考的试题理念、考查内容、测评方式。高考评价体系对高三教学具有"指挥棒"的作用，有利于指导广大一线物理教师优化课堂教学，发挥物理学科的立德树人功能。高考评价体系指出：突出考查主干知识及其灵活运动的能力；全面考查理解、推理、分析综合、应用数学处理物理问题、实验等能力；注重物理知识与科技实际、生产、生活的密切联系，强调实践性和应用性，体现学以致用；由三维目标的考查逐步过渡到对核心素养的考查。

高三一轮复习时间紧迫，需要学校年级组统筹安排、备课组精心组织、教师个人全情投入。课堂教学是高三备考的主阵地，要将课程标准和教材作为复习的基本资料，将抓实必备知识和关键能力的提升视为一轮复习目标。

2. 夯实基础，引导学生自我重构、完善物理知识体系

夯实基础，将原来的基础知识结构、基本概念规律强化温习、理顺成纲。教师要结合课程标准、历年真题构建逻辑清晰的高考物理知识体系，并在课堂教学中重视培养学生自主构建知识框架的能力，帮助学生了解不同方面知识复习的重点，在思维导图的辅助下实现对物理知识的有效串联，增强一轮复习的整体性和系统性，形成对物理知识体系的全面认识。

教师要引导学生在充分理解教材的基础上，以单元主题为纲，以学科问题为目，以典型范例为节点，一步步梳理知识脉络，完善自己的单元知识框架，将相近知识点互相勾连，形成相互关联、脉络清晰的知识网络。知识梳理的基本思维模式应遵循以下要点：本章教材研究的物理对象是什么？本章是怎样展开相关物理问题的研究的？本章形成了哪些物理概念、物理规律？本章最重要的核心概念、结论和方法是什么？它们的发现、探究、推导过程是怎样的？反思自己在本章学习中容易出现哪些失误，注意事项和改进措施是什么？本章与其他章节的知识点之间的联系是什么？

3. 精讲精练勤于总结，提升科学思维能力和学习品质

精心选编习题，尽可能地把具有内在联系的多个知识点，利用其纵横交叉点组合成一道综合题，或者尽可能地把具有多层次思维跨度的知识点融进一道习题中。题目要强调科学性，避免"牵强综合"。习题训练要注意做到题目少而精，避免重复练习，不搞题海战术。我始终认为，宁可教师在课前多花时间来筛选题目，也不让学生在茫茫题海中迷失方向，保证题目质量；精练精讲，保障训练实效；勤于总结，促进知识整合。注意培养学生良好、有效的思维习惯，有意识地培养学生的理解能力和审题能力。

（四）高三二轮复习的教学策略

二轮复习在一轮复习的基础上，突破重难点，集中精力解决一轮复习的遗留问题。二轮复习要结合基础，重视应试训练，大幅度提升应试技巧与心理素质。二轮复习重在发展能力，侧重发展分析综合能力，重在训练学生运用多知识点综合解决问题的能力。

1. 针对命题趋势和重点内容，分专题、分模块复习训练

教师要结合近年来高考趋势变化和学生在一轮复习时的具体学情开展专题复习。专题复习需要做到选题要"精"和注意把握每年考题的重点和热点。

专题内容分为：

（1）按考点分专题（模块）：力与平衡、力与直线运动、力与曲线运动、牛顿定律的综合运用、功和能、动量和动量守恒、振动和波、电场与磁场的基本性质、直流电流与交流电路、电磁感应、力学实验、电学实验、热学（模块）、光学（模块）、原子物理（模块）、物理学史等。

（2）按模型分专题：动态平衡、追击与相遇、传送带、板块模型、力学的三大观点、带电粒子在复合场运动、电磁感应中的动力学能量动量问题等。

（3）按方法分专题：物理图像问题、临界问题、极值问题、磁场三类动态圆方法等。

2. 深度学习典型例题，培养学生建模能力和综合能力

精选典型例题，解题分析过程要体现基本思路，解题方法选择要强调通法，明确为什么这么做、你是怎么想到的。不只就题讲题，要跳出题目讲联系、讲拓展，引导学生进行深度学习。有些知识点是学生经常出错的，错误的原因很多，有的隐藏较深需深究，必须挖掘错误背后的"知识漏洞"和"思维缺陷"，查出出错的真实原因，真正理解知识点，建构良好的认知结构。通过对核心知识点本质的理解、解法的探寻，培养学生物理建模能力和综合能力，促进学生自主探究解决问题的能力。

3. 关注学生心理健康，培养学生心理素质和考试技巧

（1）关注学生的心理状况

通过鼓励的语言提升学生自信心或者适当借助一些与物理相关的图片、视频帮助学生放松身心，构建轻松愉悦的课堂氛围，以此缓解学生的复习压力。通过这样的方式，有利于帮助学生保持高效率的学习状态，使学生克服高三阶段常见的问题。

（2）培养学生整理错题的习惯

高三学生在复习过程中需要进行大量的习题练习，因此学生及时对错题进行整理是很重要的。学生在此过程中要按照每一章节的顺序、错题的类型进行总结，防止出现同类问题的再次错误，这样便能够提高自己学习的积极性，避免在考试时出现紧张的心理。

（3）培养学生限时训练的能力

对学生而言，在做练习题的时候要把控好时间，并且要在不翻书的情况下完成，这样才能保证做题的效果，才能在考试过程中不会出现因时间不够而打乱做题计划的现象，同样也不会因为紧张而出现忘记知识点、内容"张冠李戴"的现象。因此，只有加强对时间的控制才能够在一定程度上提高做题质量、提高学习成绩。

【教学案例】

单元复习——"电场"复习课

一、教学目标

1. 教学目标

（1）复习库仑定律、电场强度、电势能、电势和电势差的概念。

（2）复习电势差与电场强度的关系。

（3）归纳总结从力的角度和能的角度来描述电场性质的两种科学方法，初步建立电场知识的框架。

2. 素养目标

（1）将电场强度、电势等知识结构化后，帮助学生建立电场是一种物质的物理观念。

（2）从力和能的角度描述电场的性质，分析两者之间的区别和联系，培养学生思维的深刻性和灵活性，提升学生的科学思维。

二、学情分析

学生已经完成电场强度和电势的学习，但是由于这部分内容与学生生活实际距离较远，学生没有感性的认知，觉得这一部分的内容十分抽象，在理解和运用知识解决问题时有较多的思维障碍。大部分学生对电场强度和电势的认识较为浅层，只懂得电场强度和电势有着矢量和标量的区别，还不了解本质上电场强度是从力的角度描述电场，电势是从能的角度描述电场，力是矢量、能是标量。运用电场知识解决问题的思维深刻性和灵活性水平还较低，还没有形成电场知识框架结构化。

三、教材分析

"静电场"内容在2004年版课程标准教材中是编写在高中物理选修3－1第一章里的，安排在高二阶段进行教学。2017年版新课程标准（2020年修订）对应的新教材将"静电场"编写在高中物理选择性必修3前两章里，安排在高一阶段进行教学。表2－13对比分析了粤教版和人教版对这部分内容编写安排的差异。

表2－13

序号	广东教育出版社（粤教版）	人民教育出版社（人教版）
1	第一章静电场的描述	第九章静电场及其应用
2	第一节静电现象	第一节电荷
3	第二节库仑定律	第二节库仑定律
4	第三节电场电场强度	第三节电场电场强度
5	第四节电势能与电势	第四节静电的防止与利用
6	第五节电势差及其与电场强度的关系	第十章静电场中的能量
7	第二章静电场的应用	第一节电势能和电势
8	第一节电容器与电容	第二节电势差
9	第二节带电粒子在电场中的运动	第三节电势差与电场强度的关系
10	第三节静电的利用与预防	第四节电容器的电容
11		第五节带电粒子在电场中的运动

本教学案例安排在完成"电势差与电场强度的关系"教学后进行一课时复习教学。若使用粤教版则可以作为章复习课，采用人教版则可以在完成两章之后作为单元复习课。

四、教学过程

1. 创设问题

在匀强电场中把一个带电量 $q = 2 \times 10^{-3}$ C 的微粒从 A 点经过图 2-34 所示的路径移动到 B 点，克服电场力做功 $W = 6 \times 10^{-4}$ J。A、B 之间在电场方向上的距离为 $d = 0.2$ m，B 点为电势能零点。求：

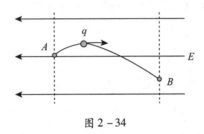

图 2-34

（1）匀强电场的电场强度 E。

（2）A 点的电势能 E_{PA} 和电势 φ_A。

2. 尝试解决

生 1：$E = \dfrac{F}{q}$，题目没有说明力的大小，无法求解。

生 2：微粒的路径是曲线，力和运动位移的夹角是不断变化的，不能直接由功求力。

生 3：由于电场力是恒力，微粒由 A 点到 P 点的过程中，在电场力方向上的位移为 d，有 $W = Fd$，$F = qE$，所以 $E = \dfrac{W}{qd} = 1.5$ N/C。

生 4：电势等于单位电荷的电势能 $U_A = \dfrac{E_{PA}}{q}$，但是存在电势能和电势两个未知数，无法求解。

3. 教师点拨

师：同学们已经把电场强度计算出来了。但是电势能和电势好像比较难，还没有想出好方法。下面我们一起来想办法。

方法1：利用功能关系计算电势能，再利用电势的定义式计算电势。带电微粒从 A 到 P 克服电场力做功 $W = 6 \times 10^{-4}$ J，电场力做负功，电势能增量 $\Delta E_P = W$，$\Delta E_P = E_{PB} - E_{PA}$，所以 $E_{PA} = -W = 6 \times 10^{-4}$ J；电势 $\varphi_A = \dfrac{E_{PA}}{q} = \dfrac{-6 \times 10^{-4}}{2 \times 10^{-3}} = -0.3$ V。

方法2：电场力做功只与初末位置有关：$-W = qU_{AP} = q(\varphi_A - \varphi_P)$，$\varphi_P = 0$，$\varphi_A = \dfrac{-W}{q} = -0.3$ V。

方法3：在匀强电场中，沿场强方向的两点间的电势差等于场强与这两点的距离的乘积 $U_{BA} = Ed$，所以 $U_A = -Eq = -0.3$ V。

4. 构建导图

在教师的引导下，学生自主构建电场强度和电势的思维导图。思维导图要体现出电场强度和电势定义的逻辑关系，突出电场强度是从力的角度来描述电场的性质，电势是从能的角度来描述电场的性质这一重要的区别；思维导图要反映出电场强度与电势之间的联系，归纳出这两个重要概念的知识结构。让学生分小组讨论构建，然后各小组派代表展示汇报。

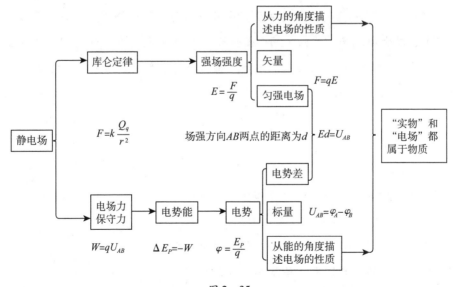

图 2 - 35

5. 拓展练习

练习1：如图2-36所示，匀强电场 E 的区域内，在 O 点处放置一点电荷 $+Q$，a、b、c、d、e、f 为以 O 为球心的球面上的点，$aecf$ 平面与电场平行，$bedf$ 平面与电场垂直，则下列说法中正确的是（   ）

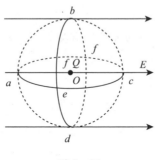

图2-36

A. b、d 两点的电场强度相同

B. a 点的电势等于 f 点的电势

C. 点电荷 $+Q$ 在球面上任意两点之间移动时，电场力一定做功

D. 将点电荷 $+Q$ 在球面上任意两点之间移动，从 a 点移动到 c 点电势能的变化量一定最大

解析：b、d 两点的场强为 $+Q$ 产生的场强与匀强电场 E 的合场强，由对称可知，其大小相等、方向不同，A 错误；a、f 两点虽在 $+Q$ 的同一等势面上，但在匀强电场 E 中此两点不等势，故 B 错误；在 $bedf$ 面上各点电势相同，点电荷 $+Q$ 在 $bedf$ 面上移动时，电场力不做功，C 错误；从 a 点移动到 c 点，$+Q$ 对它的电场力不做功，但匀强电场对 $+Q$ 做功最多，电势能变化量一定最大，故 D 正确。

练习2：如图2-37所示，绝缘光滑斜面下方 O 点处有一正点电荷，带负电的小物块以初速度 v_1 从 M 点沿斜面上滑，到达 N 点时速度为零，然后下滑回到 M 点，$OM = ON$。从 N 到 M 的过程中，小物块受到的电场力、电势能和电势是如何变化的？

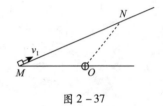

图2-37

解析：从 N 到 M 的过程中，小物块处于正点电荷产生的电场中，由库仑定律可知小物块受到的电场力先变大再变小，电场力的方向由水平向右（M → O）逐渐斜向左下方（N → O）变化。从 N 到 M 的过程中，电场力先做正功再做负功，总功为零，所以小物块电势能先减小后增大，总的变化量为零。小物块带负电，所以电势的变化是先增大后减小，总的变化量为零。分析电势的变化，也可以画出正点电荷电场线，由电场线分布图可以做出判断。

练习 3：如图 2－38 所示为水平放置的两平行金属板 A、B，接在电势差为 $U = 36$ V 的电源上，$d = 20$ cm。A 板接地，图中 a 点距离 B 板 10 cm，a、b 之间顺着电场强度的方向距离为 5 cm，a、c 之间的距离为 10 cm，c 点到 A 板的距离为 5 cm。求：

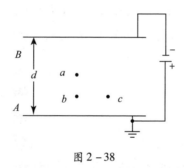

图 2－38

（1）a、b、c 各点的电场强度。

（2）a、c 间的电势差。

（3）电子在 b 点具有的电势能。

解析：（1）均匀带电的两平行金属板之间是匀强电场。根据电场强度与电势差的关系可得：

$U_{AB} = Ed$，所以 $E_a = E_b = E_c = E = \dfrac{U}{d} = \dfrac{36}{20 \times 10^{-2}} = 1.8 \times 10^2$ V/m，

方向竖直向上。

（2）a、c 间顺着电场强度的方向距离为 5 cm，a 点电势低于 c 点电势，所以有：

$U_{ac} = -Ed_{ac} = -1.8 \times 10^2 \times 5 \times 10^{-2} = -9$ V。

（3）由题意可知，b 点到 A 板的距离为 5 cm，A 板接地电势为零。所以有：

$U_{Ab} = Ed_{Ab} = 9 \text{ V}$，$\varphi_A - \varphi_b = U_{Ab}$，$\varphi_A = 0$，解得 $\varphi_b = -9 \text{ V}$。

电子在 b 点的电势能为 $E_{Pb} = -e\varphi_b = 14.4 \times 10^{-19} \text{ J} = 9 \text{ eV}$。

6. 讨论分享

生1：电场具有能的性质也具有力的性质，所以它和实物一样都属于物质。

生2：电场强度的方向就是电场的方向，正检验电荷在电场中的受力方向就是电场强度的方向，可以用电场强度的矢量定义式表示为 $\vec{E} = \dfrac{\vec{F}}{q}$。

生3：电势和电势能的大小都取决于所选取的零电势点或零电势能点，平时用得较多的是电势差，它与零势点的选取无关。

生4：对于电势差与电场强度的关系式 $Ed = U_{AB}$ 要特别注意两点：一是只适用于匀强电场；二是 d 表示的是 A，B 两点在电场方向上的距离，而不是 A，B 两点的直线距离。

7. 布置作业

（略）

五、教学反思

本节复习课通过创设问题情境，让学生尝试解决，意图制造认知冲突，再通过教师点拨和学生自主构建思维导图，突出"求真致知、自主高效"思维型课堂教学的内涵。学生通过自主构建思维导图"总结出电场强度是从力的角度描述电场性质，电势是从能的角度描述电场性质；电场和实物一样都属于物质"，将前一阶段学过的知识通过思维加工和升华形成结构化的知识框架，进一步理解知识的关联，在思维的深刻性、灵活性和敏捷性等方面锻炼学生思维品质，提高学生运用知识解决问题的能力。

专题复习——高中物理的最值问题

历年来的物理高考题中都有考查学生利用数学方法和物理规律来解决物理过程中存在的最大值与最小值的问题。如何提高学生解决这类问题的能力？笔者认为在阶段性复习或高三二轮复习中进行物理学的最值问题专题复习是一种有效的途径。物理学的各个领域存在大量形形色色的最值问题，这些问题大致可分为两类：一是数学最值问题，需要应用有关的数学方法求解；二是物理最值问题，需要应用有关物理规律，根据问题中的物理条件来求解。

一、用数学方法求最值问题

1. 利用 $y = ax^2 + bx + c$ 的性质

（1）若 $a > 0$ ，当 $x = -\dfrac{b}{2a}$ 时，y 有最小值，$y_{\min} = \dfrac{4ac - b^2}{4a}$。

（2）若 $a < 0$ ，当 $x = -\dfrac{b}{2a}$ 时，y 有最大值，$y_{\max} = \dfrac{4ac - b^2}{4a}$。

例1：如图 $2-39$ 所示，光滑轨道竖直放置，半圆部分的半径为 R。在水平轨道上，停着质量为 $M = 0.99$ kg 的木块，一颗质量为 $m = 0.01$ kg 的子弹，以 $v_0 = 400$ m/s 的水平速度射入木块中，然后一起运动到轨道的最高点水平抛出。试分析：当半圆的 R 多大时，平抛的水平位移最大？且最大值是多少？

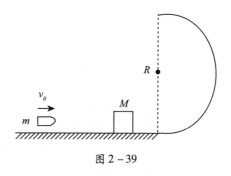

图 $2-39$

解：由动量守恒定理得 $mv_0 = (m + M)\, v_1$ ，得 $v_1 = 14$ m/s。

由碰撞到最高点的过程中机械能守恒得：

$$\frac{1}{2}(m + M)v_1^2 = 2(m + M)gR + \frac{1}{2}(m + M)v_2^2 ,$$

所以 $v_2 = \sqrt{16 - 40R}$。

平抛的水平位移 $s = v_2 t = \sqrt{16 - 40R} \times \sqrt{\dfrac{4R}{g}} = 4\sqrt{0.4R - R^2}$。

设 $y = -R^2 + 0.4 + C$，

当 $R = -\dfrac{b}{2a} = -\dfrac{0.4}{2 \times (-1)} = 0.2$ 时，y 有最大值。

所以当 $R = 0.2$ m 时，水平位移的最大值 $s = 4\sqrt{0.4R - R^2} = 4\sqrt{0.4 \times 0.2 - 0.2^2} = 0.8$ m。

2. 利用分式性质

（1）若分子一定，分母最小时，分式具有最大值。

（2）若分母一定，分子最小时，分式具有最小值。

例2：如图2-40所示，R_0 为定值电阻，可变电阻的总阻值为 R，电流表内阻不计，电池的电动势为 E，内阻为 r，试分析电流表示数的变化范围？

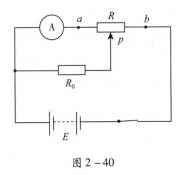

图2-40

解：可以把变阻器看作两段，即并联部分 R_{pa} 和串联部分 $R_{pb} = R - R_{pa}$，根据并联电路的特性可知：

$$I_A = \frac{R_0}{R_0 + R_{pa}} \cdot I_总$$

根据全电路的欧姆定律得：$I_总 = \dfrac{E}{\dfrac{R_0 R_{pa}}{R_0 + R_{pa}} + (R - R_{pa} + r)}$。

所以 $I_A = \dfrac{R_0 E}{R_0 R - \left(R_{pa} - \dfrac{R+r}{2}\right)^2 + \dfrac{(R+r)^2}{4} + R_0 r}$。

根据上式，当 $R_{pa} = 0$ 时，分母有最小值，故电流有最大值 $I_{Amax} = \dfrac{E}{R+r}$。

当 $R_{pa} = \dfrac{R+r}{2}$ 时，分母有最大值，故电流有最小值 $I_{Amin} = \dfrac{E}{R + r + \dfrac{(R+r)^2}{4R_0}}$。

所以电流表的示数范围为 $\dfrac{E}{R+r} \leq I_A \leq \dfrac{E}{R + r + \dfrac{(R+r)^2}{4R_0}}$。

3. 利用三角函数

（1）如果 $0° \leqslant \theta \leqslant 90°$，当 $\theta = 0°$ 时，$\sin\theta = 0$ 有极小值，$\cos\theta = 1$ 有最大值；当 $\theta = 90°$ 时，$\sin\theta = 1$ 有最大值，$\cos\theta = 0$ 有最小值。

（2）在方程 $y = a\sin\theta + b\cos\varphi$ 中，当 $\theta + \varphi = 90°$ 时，y 有最大值 $y_{\max} = \sqrt{a^2 + b^2}$；当 $\theta + \varphi = 0$ 时，y 有最小值 $y_{\min} = 0$。

例3：在设计屋顶时，为了使雨水尽快地流下，屋顶与水平面的夹角应该是多少度？分别考虑屋顶无摩擦和有摩擦两种情况。可把雨滴在屋顶的运动看作是初速度为零的匀加速直线运动。

解：（1）无摩擦时，雨滴的加速度为 $a = g\sin\theta$。

由位移公式 $s = \dfrac{1}{2}at^2$ 得雨滴下滑的时间 $t = \sqrt{\dfrac{2s}{a}} = \sqrt{\dfrac{2\dfrac{L}{2\cos\theta}}{g\sin\theta}} = \sqrt{\dfrac{2L}{g \times \sin2\theta}}$。

当 $\sin2\theta = 1$ 时，t 有最小值，所以 $\theta = 45°$ 时，最短时间 $t_{\min} = \sqrt{\dfrac{2L}{g}}$。

（2）有摩擦时，雨滴的加速度为 $a = (\sin\theta - \mu\cos\theta)g$，雨滴下滑的时间为 $t = \sqrt{\dfrac{L}{g(\sin\theta - \mu\cos\theta)\cos\theta}}$。

设 $\mu = \tan\varphi$，上式可变为 $t = \sqrt{\dfrac{2L}{[\sqrt{1 + \mu^2}\sin(2\theta - \varphi) - \mu]g}}$。

所以当 $2\theta - \varphi = 90°$，即 $\theta = 45° + \dfrac{1}{2}\varphi = 45° + \dfrac{1}{2}\tan^{-1}\mu$ 时，t 有最小值 $t_{\min} = \sqrt{\dfrac{2L}{(\sqrt{1 + \mu^2} - \mu)g}}$。

其实无摩擦只是有摩擦的一种特例，当无摩擦时，$\mu = 0$，由上两式得 $\theta = 45°$ 时，最短时间为 $t_{\min} = \sqrt{\dfrac{2L}{g}}$。

4. 利用定和求积与定积求和原理

（1）如果 $x_1 + x_2 = k$，当 $x_1 = x_2 = \dfrac{k}{2}$ 时，x_1 和 x_2 的积有最大值 $(x_1 \cdot x_2)_{\max}$

$= \left(\dfrac{k}{2}\right)^2$。

（2）如果 $x_1 x_2 = p$，当 $x_1 = x_2 = \sqrt{p}$ 时，x_1 和 x_2 的和有最小值 $(x_1 + x_2)_{\min} = 2\sqrt{p}$。

例 4：在电源电动势 E、内阻 r 一定的情况下，负载电阻 R 取何值时，电源输出功率最大？

解：负载上获得的功率 $P = UR = \dfrac{ER}{R+r} \cdot \dfrac{E}{R+r} = \dfrac{E^2}{r} \cdot \dfrac{R}{R+r} \cdot \dfrac{r}{R+r}$。

在上式中，由于 $\dfrac{R}{R+r} + \dfrac{r}{R+r} = 1$，由定和求积，当两项相等时，两者乘积最大，由此得 $R = r$ 时有最大输出功率 $P_{\max} = \dfrac{E^2}{4r}$。

二、用物理方法求最值问题

1. 利用自由弦运动的等时性

在弦光滑的前提下，从竖直圆环上沿不同的弦运动到圆环最低点的时间相同，从竖直圆环最高点沿不同的弦运动到圆周上的时间也都相同，都等于从竖直圆环最高点到圆环最低点做自由落体运动的时间，即 $t = \sqrt{\dfrac{2d}{g}}$，式中 d 为圆环的直径，此运动规律称为自由弦运动的等时性。

例 5：如图 2-41 所示，一个质点自倾角为 α 的斜面上方定点 A，沿光滑斜槽从静止开始下滑，为了使质点在最短时间内到达斜面，求斜槽与竖直方向的夹角 β 应等于多少？

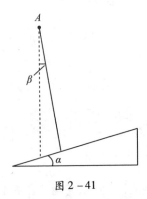

图 2-41

解：以 A 点为最高点，以 AO 线为直径作一个与斜面相切的圆，如图 2 – 42 所示（作图相关的辅助线已略去）。由自由弦运动的等时性可知质点沿 AB、AB_1、AB_2 三条光滑斜槽从 A 点滑到圆周上的时间是相等的，同时也说明只有沿 AB 滑槽才能使质点在最短时间内到达斜面。由几何知识可知斜槽与竖直方向的夹角 $\beta = \dfrac{1}{2}\alpha$。

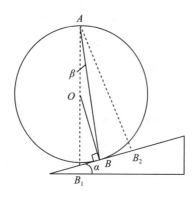

图 2 – 42

2. 利用图像方法

（1）运动图像：利用 s—t、v—t、a—t 图像的特点来计算涉及运动的最值问题。

（2）矢量三角形图像：利用力和速度的合成特点画出对应的矢量三角形，通过三角形的特点来计算相关的最值问题。

例 6：一个物体由静止开始从 M 点出发，沿直线运动到 N 点停下。在这段时间内，物体可以做匀速运动，也可以做加速度为 a 的匀变速运动。为了使运动时间最短，试分析物体应如何运动？

解：如图 2 – 43 所示，图中 ΔOAt_1 的面积表示 M 到 N 的位移，OA 表示以加速度 a 做匀加速直线运动，At_1 表示以加速度 a 做减速运动，梯形 $OBCt_2$ 表示中间有一段做匀速直线运动，由于位移一样，即梯形 $OBCt_2$ 的面积等于 ΔOAt_1 的面积，所以时间 $t_2 > t_1$。由此可判断出物体先以加速度 a 做匀加速直线运动通过一半路程后，再以加速度 a 做减速运动通过另一半路程的运动所用的时间最短。

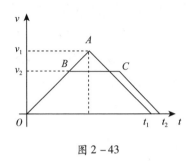

图 2-43

例7：物体与水平地面间的动摩擦因数为 μ，用和水平面夹角为 θ 的力 F 拉动物体，使物体在水平面上做匀速直线运动。问 θ 角多大时拉力 F 有最小值？

解：由受力分析可知，物体受到的摩擦力 f 和支持力 N 的施力物体都是水平地面，所以可等效为水平地面对物体只有一个力 P 的作用，这个力 P 就是摩擦力 f 和支持力 N 的合力（如图 2-44 所示），$\mu = \dfrac{f}{N} = \tan\alpha$，因为 μ 一定，即角 α 一定，合力 P 的方向也一定；然后根据在三个共点力的作用下物体平衡，则三个共点力组成闭合矢量三角形；重力 G 大小和方向都一定，合力 P 的方向也一定，要想 F 最小，即要求 F 与 P 垂直，有 $\theta = \alpha$；所以有 $\theta = \arctan\mu$ 时，力 F 有最小值。

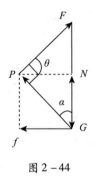

图 2-44

3. 利用最大输出功率 $P_{max} = \dfrac{E^2}{4r}$

利用负载电阻 R 等于电源内阻 r 时，电动势为 E 的电源有最大输出功率 $P_{max} = \dfrac{E^2}{4r}$ 的电学规律来解决涉及电源输出功率的最值问题。

例8：如图2-45所示，平行金属导轨相距 $l = 0.2$ m，$E = 6$ V，内阻不计，$R = 10$ Ω，均匀磁场方向垂直于纸面。金属棒在安培力作用下由静止开始向左滑行，摩擦力 $f = 0.1$ N。为使金属棒有最大速度 v_m，磁感应强度 B 应为多大？最大速度 v_m 是多少？

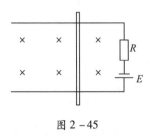

图2-45

解：将 E 与 R 看成内电路，则当外电阻等于内阻时，电源输出功率最大，有 $P_{max} = \dfrac{E^2}{4R}$。

当金属棒速度达最大值时，输出功率 P_m 全部用来克服摩擦力做功 $\dfrac{E^2}{4R} = fv_m$。

所以有 $v_m = \dfrac{E^2}{4Rf} = \dfrac{6^2}{4 \times 10 \times 0.1} = 9$ m/s。

在此电路中，路端电压即为感应电动势，当内阻等于外电阻时，此路端电压等于电源电动势的一半，所以有 $Blv_m = \dfrac{E}{2}$。

即 $B = \dfrac{E}{2v_m l} = \dfrac{6}{2 \times 9 \times 0.2} = 1.66$ T。

当 $a = 0$ 时，v 有最大值。

物体在做加速度逐渐减小的变加速直线运动时，当加速度减小到 $a = 0$ 时，速度 v 有最大值。在电磁感应与力学综合的题目中，常利用这种方法来计算切割磁感线的金属棒的最大速度。

例9：如图2-46所示，均匀电场与磁场均水平方向且垂直相互正交。一长直绝缘棒竖直立于场中，棒上套一小环，质量 $m = 0.1$ g，带正电 $q = 4 \times 10^{-4}$ C，环可沿棒自由移动，两者之间摩擦因数 $\mu = 0.1$，且 $E = 10$ N/C，$B = 0.5$ T。求：

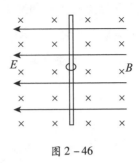

图 2 - 46

（1）当小环加速度为最大时，其速度是多少？

（2）小环最大速度是多少？

解：（1）小环在沿棒方向受重力 mg 和摩擦力 $\mu|qE - qvB|$，所以当电场力与洛仑兹力抵消时，即 $qE - qvB = 0$ 时，摩擦力等于零，小环加速度最大为 $a_{max} = g$。

（2）随着速度增大，洛仑兹力增大，摩擦力 $\mu(qvB - qE)$ 也增大，加速度逐渐减小。当加速度为零时，即 $\mu(qv_{max}B - qE) = mg$。

这时，小环速度达到最大值 $v_{max} = \dfrac{mg}{\mu qB} + \dfrac{E}{B} = \dfrac{0.1 \times 10^{-3} \times 9.8}{0.1 \times 4 \times 10^{-4} \times 0.5} + \dfrac{10}{0.5}$

$= 69$ m/s。

（本教学案例于 2009 年 9 月发表于中文核心期刊《物理教学探讨》）

第七节　新课程新教材背景下
高考物理备考策略

　　教育部考试中心颁布的《关于 2017 年普通高考考试大纲修订内容的通知》指出："修订考试大纲，贯彻立德树人任务要求，全面总结考试内容改革成果，体现课程改革新理念，为实现 2020 年高考改革目标做积极准备，是落实《国务院关于深化考试招生制度改革的实施意见》精神、提升教育考试质量的重要举措。"新一轮高考改革将使用新课程标准和新教材。新课程标准提出学生发展核心素养指标体系分为社会参与、自主发展、文化修养三大领域共 12 个一级指标：道德品质、社会责任、国家认同、国际理解、身心健康、自我管理、学会学习、问题解决与创新、语言素养、数学素养、科学技术与信息素养、审美与人文素养。

　　新的物理课程标准提出物理核心素养是学生在接受物理教育过程中逐步形成的适应个人终身发展和社会发展所需要的必备品格和关键能力，是学生通过物理学习内化的带有物理学科特性的品质。物理观念、科学思维、科学探究、科学态度与责任四个要素构成物理核心素养。从 2017 年到 2020 年是改革的过渡时期。怎样为实现高考改革目标做积极准备？如何在高考试题中体现学科核心素养？这是摆在我们教育工作者面前的必答题。

　　基于核心素养的高考将以立德树人、服务选拔和引导教学为目标；考查学生的必备知识、关键能力、学科素养和核心价值，在整体内容上从基础性、综合性、应用性、创新性四个方面对学生进行考查。

　　考查"基础性"的题目，强调考查学生长期学习的知识储备中的基础性、通用性知识，是学生终身学习所必须掌握的、构成学科素养基础的知识与能力。

考查"综合性"的题目，重点考查学生运用所学知识的能力，要求学生具备独立思考、分析问题和解决问题、交流与合作等有助于适应未来社会不断变化发展的能力。

考查"应用性"的题目，重点考查学生在社会生活实践的问题情境中，善于观察现象、主动灵活运用知识分析和解决实际问题的能力，要求学生具备较强的理论联系实际能力和实践能力。

考查"创新性"的题目，考查学生在社会生活实践的问题情境或科学研究的问题情境中创新性地运用知识技能去解决开放性问题的能力，要求学生具有独立思考的能力，具备批判性和创新性思维方式。

基于核心素养的新一轮高考改革，通过导向教学来实现立德树人，高考改革会使核心素养的培养落实得更好。核心素养关注学生个人终身发展和社会发展需要，因此在高考备考中要突出以学生为本的教育理念。笔者认为，基于核心素养的物理高考备考除了要做好常规的备考教学工作，还需要特别注意以下五个方面的教育工作。

一、把握考试大纲，了解基于核心素养的命题特点

认真研究考纲，了解知识的考查范围。密切关注近几年考试大纲中关于考试内容和能力要求的变化趋势，仔细研读考纲的含义和要求，准确定位知识点。加强学习，把握全国卷命题特点。从 2017 年到 2020 年是高考改革的过渡时期，基于核心素养的高考也处于探索实践的阶段。作为中学物理一线教师，应该抓紧时间学习，紧跟国家高考改革步伐。

二、建立知识结构，帮助学生树立正确的物理观念

知识结构是把所有相关的现象、概念、规律和事实组织成一个体系。在高三复习备考中，教师应帮助学生把碎片化的知识和遗漏的知识按学生自己的思维方式构建知识网络，找出知识间的关联，让学生学会对知识进行重组、整合、归类、总结，在整体上把握所学的知识。一般来说，一个专题有一个核心的主体，其余的概念和规律为这个主体做铺垫，要以点带面，以主要概念和规律带动基础知识。对知识记忆模糊的地方，要回归课本。解题和掌握

概念规律是相辅相成的，没有做过一定数量的习题往往对概念和规律的理解缺乏正反实例。概念规律是核心、是基础，概念规律不变，而题目万变，要立足于教材，夯实基础。

例如：力学研究的是物体受力作用与运动变化的关系，如图 2 – 47 可以帮助学生建立力学知识体系。

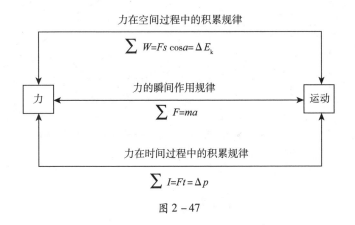

图 2 – 47

物理概念和物理规律是知识的核心，是基础知识。物理观念是物理概念和规律等在头脑中的提炼和升华，学生通过学习物理知识所形成的从物理视角认识事物和解决问题的思想、方法、观点，即植根于学生头脑中的物理观念。物理观念一旦形成，学生便能根据自身的物理观念来正确认识事物进而解决问题。

三、总结物理方法，提升学生建构物理模型的能力

在物理学习和解决物理问题中常用到的各种物理方法。例如，等效法、控制变量法、类比法、比值定义法等物理思维方法；整体法、隔离法、外接法、内接法等解决某一类问题的具体方法。从本质上讲，方法总是与物理模型相联系的，物理模型本身就包含有方法的因素。人们创立起新的知识体系，建立新的物理模型，同时也就创立了相应的方法体系。

例如：如图 2 – 48 所示，质量为 M 的导体棒 ab，垂直放在间距为 l 的平行光滑金属轨道上。导轨平面与水平面的夹角为 θ，并处于磁感应强度大小为 B、方向垂直于导轨平面向上的匀强磁场中，左侧水平放置、间距为 d 的平行

金属板，R 和 R_x 分别表示定值电阻和滑动变阻器的阻值，不计其他电阻。改变 R_x，待棒沿导轨匀速下滑后，将质量为 m、带电量为 $+q$ 的微粒水平射入金属板间，若它能匀速通过，求此时的 R_x。

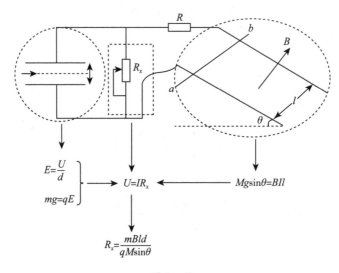

图 2－48

分析：本题可以将图分为左、中、右三部分，左边是"速度选择器"模型，中间是"串联滑动变阻器分压"模型，右边是"导体棒动生电动势"和"导体棒匀速下滑"的结合模型。将复杂的问题根据物理模型的特点拆分成若干部分（或过程），化繁为简从而解决难题。

在高三备考过程中，应该引导学生站在更高的角度了解知识建构的过程，将物理方法寓于具体物理模型的建立和分析过程中，促进学生开展分析问题的思维活动，自然地"悟"出其中的道理和规律。将物理知识与实际生活相联系，尤其是与现代高科技的联系，是高考的必然趋势和热点。学生只要牢固地掌握了基本概念、基本规律和处理物理问题的基本方法，掌握了分析物理的过程，提升自身建构物理模型的能力和综合运用知识的能力，就可以从容应对各种挑战。

四、关注学生发展，认真做好培优扶弱的工作

因为个体的基础差异和能力差异，在一个班集体中，学生的发展往往不

均衡。为了最大限度地培养不同层次学生的核心素养，在高三备考过程中需要对学生进行适当的培优和扶弱。

首先是教师主导，利用一定的课时对学生进行分层教学，根据学生学习困难的共性进行有针对性的突破；优秀学生的基础较好，学有余力，培优应更侧重于思维方法的培养；扶弱则应在基本概念、必备知识和关键能力上下功夫。

还可以利用班级学习小组的形式引导学生彼此进行培优扶弱：可以将一个班的学生分为几个学习小组，例如 48 人的班，可以分成 6 个小组，每个小组内有 4 个较为优秀的学生和 4 个学习相对困难的学生，小组定期进行专题讲座和错题讨论，同时一个优生对应一个学习困难的同学，负责解决他在日常学习中遇到的问题；若是优生解决不了的，再上交学习小组统一讨论，还不行就集体问老师。这样就可以在学生层面帮助基础较差的同学解决初步的问题。然后将学科优生组织为一个特别小组，任课教师指导组长开展小组活动，例如难点讨论、做题方法讨论、纠错汇总、题型区分、速度训练、概念整合等。

五、体现以生为本，重视个体非智力因素培养

非智力因素、智力和知识是学习的三要素。三者是学习的目的，也是学习的手段。智力与知识比较，智力更重要。学习中非智力因素和智力因素比较，非智力因素更重要。

高三备考中应该体现以学生为本，重视个体非智力因素培养。培养学生的意志力，道德修养，克服困难的勇气和能力，自信、自立、自强的良好心理素质等。基于核心素养的课堂教学既要"解惑"更要"授道"，注重的应是学生的综合素质的培养，而不仅仅是智力水平。

教学过程中，始终以学生为主体。在备考过程中，要充分了解学生的需要、学生的困惑、学生的感受，只有这样，教学才有针对性，学生才能从学习中体会到乐趣和体验到成就感。高三备考过程中，学生不可避免地会出现畏难情绪，这时教师要认真帮他们分析问题，引导他们坚强地面对问题，积极查缺补漏，勇于思考；一旦学生有进步，则要积极肯定，并且对他们提出更高的目标和更严格的要求。对思维较好的优秀学生，要从阅读习惯、书写习惯、审题能力、计算能力和实验探究等方面进行规范训练，从而使他们在

备考过程中形成优秀的学科素养而非变成解题机器；对于学习困难的同学，则要积极培养他们的信心，从每一次听课和作业以及纠错做起，使他们逐渐从怕物理到接受物理再到喜欢物理，从而取得良好的备考效果。

高三备考教学是高中教学的重要组成部分。在高三备考教学中要落实立德树人根本任务，进一步提升学生的物理核心素养，为学生的终身发展奠定基础；引领学生认识科学的本质，形成科学态度、科学世界观和价值观，为做有责任感的社会公民奠定基础。

【教学案例】

挖掘高考试题内涵，培养学生物理观念

《普通高中物理课程标准》提出的物理核心素养包含了物理观念、科学思维、科学探究、科学态度和责任。通过高中阶段的学习，学生初步具有现代物理的物质观念、运动观念、相互作用观念、能量观念等，能用这些观念描述自然界的图景。

"物理观念"首先是从物理学视角形成的具体观念，它源自物理知识，但内涵更为丰富。学生经过高一、高二的物理学习，对物理概念和物理规律有了一定的认识，初步形成了水平层级较低的物理观念。笔者尝试在高三的复习备考中挖掘高考试题内涵，让学生将掌握的物理概念和规律融会贯通，促使其物理观念向高水平层级发展。

一、融会贯通概念和规律，促进学生构建物理观念

高考试题综合性比较强，每一道试题要考查多个物理概念和规律。通过挖掘高考试题考查概念规律之间的关联和进阶关系，可以让学生将概念和规律融会贯通，由知识网络和进阶关系构建物理观念。

例如：2019 全国 1 卷第 15 题：如图 2-49，空间存在一方向水平向右的匀强磁场，两个带电小球 P 和 Q 用相同的绝缘细绳悬挂在水平天花板下，两细绳都恰好与天花板垂直，则（　　）

A. P 和 Q 都带正电荷

B. P 和 Q 都带负电荷

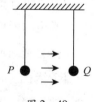

图 2-49

C. P 带正电荷, Q 带负电荷

D. P 带负电荷, Q 带正电荷

本题涉及的物理概念和规律有"点电荷""电荷相互作用""电场和电荷的相互作用""作用力和反作用力""物体的平衡"等。

概念和规律融会贯通的思维过程如图 2 - 50 所示。

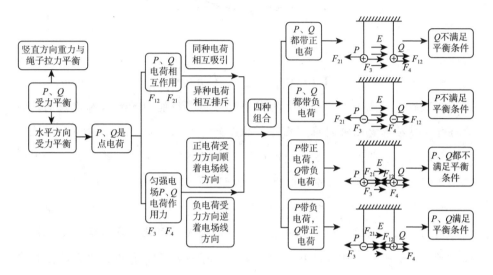

图 2 - 50

学生分析两个点电荷之间多种相互作用及电荷在竖直方向上受到力的作用情况，然后综合运用物理概念和规律解决这道题的过程就是将物理概念和规律在头脑中提炼和升华的过程，是一个逐步构建相互作用观念、提升物理观念水平层级的过程。

二、试错破解惯性和误区，促进学生修正物理观念

在高一、高二的物理学习过程中，部分学生常常因为生活经验的思维定式，形成不清晰的甚至是错误的概念和规律，导致没有形成正确的物理观念。高三是学生高中学习的最后阶段，在教学过程中教师通过让学生试错暴露出问题，给予学生及时的纠正和正确的示范引导，帮助学生纠正错误认识，建立正确的知识结构，树立正确的物理观念。

例如：2018 全国 I 卷第 18 题：如图 2 - 51，abc 是竖直面内的光滑固定轨道，ab 水平，长度为 $2R$；bc 是半径为 R 的四分之一的圆弧，与 ab 相切于 b

点。一质量为 m 的小球，始终受到与重力大小相等的水平外力的作用，自 a 点处从静止开始向右运动，重力加速度大小为 g。小球从 a 点开始运动到其轨迹最高点，机械能的增量为（　　　）

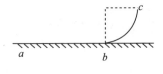

图 2 – 51

A. $2mgR$ B. $4mgR$ C. $5mgR$ D. $6mgR$

此题的综合性较强，对学生的审题能力和思维能力的要求都比较高，学生做起来往往感觉比较困难。此题给的图只是一个半成品，小球的运动过程不仅仅局限于轨道上，学生必须通过认真审题明确小球运动的全过程后才能正确求解。学生答题过程中可能出现的错误有如下三种情况。

错法 1：由于本题描述的运动过程不只限于在轨道运动的过程，很多学生按照惯性思维，未注意到"轨迹最高点"的含义。因此，虽然理解了机械能的增量等于水平外力所做的功，但忽略了小球从 c 点飞出去后的运动过程中外力所做的功，只求了从 a 到 c 的过程水平外力所做的功，得出 $\Delta E = 3mgR$ 或者直接认为只在水平轨道运动才受到水平外力，得出 $\Delta E = 2mgR$。

错法 2：懂得机械能增量 $\Delta E = F(3R + x)$，但是对分运动的等时性不清楚，因此无法求出水平位移 x。

错法 3：用机械能增量 $\Delta E = \Delta E_p + \Delta E_k$ 计算时，将轨迹最高点当成 c 点，用 $\Delta E = mgR + \dfrac{1}{2}mv_c^2$ 求解导致错误。

学生充分暴露出错误后，要求学生重新认真审题后画出小球运动的完整轨迹，做好受力分析，明确求什么，然后再由功能关系或者机械能的定义找出待求的物理量，通过功能关系及力与运动一一破解。

正确解答：如图 2 – 52，作出小球运动轨迹的完整示意图，设 c 点的速率为 v_c，飞出轨道后上升的高度为 h，水平位移为 x，最高点速率为 v_x。

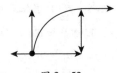

图 2 – 52

解法一：机械能增量

$\Delta E = F(3R + x)$（功能关系）

$x = \dfrac{1}{2}at^2$（匀速直线运动规律）

$F = mg = ma$（牛顿第二运动定律）

$v_c - gt = 0$（分运动等时关系）

$3FR - mgR = \dfrac{1}{2}mv_c^2 - 0$（动能定理）

由以上各式解得：$\Delta E = 5mgR$。

解法二：$\Delta E = \Delta E_p + \Delta E_k$（机械能守恒定律）

$\Delta E_p = mg(R + h)$（势能概念）

$\Delta E_k = \dfrac{1}{2}mv_x^2$（轨迹最高点的意义，竖直方向速度为 0）

$v_x = at$（匀速直线运动规律）

$F = mg = ma$（牛顿第二运动定律）

$v_c - gt = 0$（分运动等时关系）

$3FR - mgR = \dfrac{1}{2}mv_c^2 - 0$（动能定律）

由以上各式解得：$\Delta E = 5mgR$。

学生试错暴露出其对物理概念和规律掌握得不够准确，物理模型不够清晰等。教师针对学生的思维惯性和认识误区给予分析纠正，就能较好地促进学生修正物理观念。

三、拓展试题情境和设问，促进学生发展物理观念

在教学过程中，教师要通过一题多变、一题多问、一题多解等方式来拓展问题情境，锻炼学生灵活运用所学物理知识解决实际问题的能力，发展学生的思维水平；还要增加试题信息的广度和深度，要求学生能够从复杂情境中获取信息，建立文字、图像等不同信息呈现方式之间的联系，从而构建正确的物理图景，发展学生的物理观念，使处于不同水平层级的学生都有发展的空间。

例如：2019 年全国 Ⅱ 卷第 24 题，如图 2 - 53，两金属板 P、Q 水平放置，间距为 d。两金属板正中间有一水平放置的金属网 G，P、Q、G 的尺寸相同。G 接地，P、Q 的电势均为 φ（$\varphi > 0$）。质量为 m，电荷量为 q（$q > 0$）的粒子自 G 的

左端上方距离 G 为 h 的位置，以速度 v_0 平行于纸面水平射入电场，重力忽略不计。

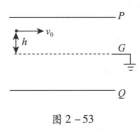

图 2-53

（1）求粒子第一次穿过 G 时的动能，以及它从射入电场至此时在水平方向上的位移大小；

（2）若粒子恰好从 G 的下方距离 G 也为 h 的位置离开电场，则金属板的长度最短应为多少？

第（1）问：根据匀强电场的特点、牛顿第二运动定律、动能定理和平抛运动等知识求出粒子第一次穿过 G 时的动能为 $E_k = \frac{1}{2}mv_0^2 + \frac{2\varphi}{d}qh$，它从射入电场至此时在水平方向上的位移为 $l_0 = v_0\sqrt{\frac{mdh}{q\varphi}}$。

第（2）问：由于粒子穿过 G 一次就从电场的右侧飞出时金属板的长度最短，由对称性可知，此时金属板的长度 $L = 2l_0 = 2v_0\sqrt{\frac{mdh}{q\varphi}}$。

这两问的思维难度并不高，主要是考查学生对带电粒子在电场中的运动情况。由于设问简单，带电粒子在电场中的多种运动情况还没有涉及。为了促进学生发展运动观念，笔者尝试将本题的情境和设问进行拓展。

拓展 1：若金属板的长度 $L = \frac{11}{3}v_0\sqrt{\frac{mdh}{q\varphi}}$，求粒子射出电场时的位置和速度等于多少，画出粒子运动轨迹。

解答：由于金属网 G 接地，P、Q 的电势均为 φ（$\varphi > 0$），即 G 上下两个区域的电场是以 G 对称分布的。带电粒子两个区域在电场方向的运动具有相同的规律，即在垂直于 G 方向的分运动也是具有对称规律的，带电粒子在此方向的运动具有周期性。在平行 G 方向的分运动是匀速直线运动。因为 $L = 3\frac{2}{3}l_0$，由运动规律可以画出粒子运动轨迹如图 2-54 所示。

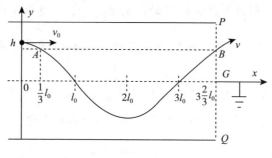

图 2-54

方法一：由于带电粒子射出电场时的位置 B 点与 A 点 y 坐标相同，A，B 两点的速度大小相同，可以求出 A 点的 y 坐标 y_A 和 y 方向的速度 v_y。

$$x_A = v_0 t_A, y_A = h - \frac{1}{2}at_A^2, v_{Ay} = at_A, a = \frac{q\varphi}{m\frac{d}{2}}, x_a = \frac{1}{3}l_0, \tan\theta = \frac{v_{Ay}}{v_0}, v_A =$$

$$\sqrt{v_0^2 + v_y^2}。$$

解得 A 的速度和 y 坐标分别为：

$$v_A = \sqrt{v_0^2 + \left(\frac{2q\varphi l_0}{3mdv_0}\right)^2} = \sqrt{v_0^2 + \frac{4q\varphi h}{9md}}, \tan\theta = \frac{2q\varphi l_0}{3mdv_0^2} = \frac{2}{3v_0}\sqrt{\frac{q\varphi h}{md}},$$

$$y_A = h - \frac{q\varphi l_0^2}{9mdv_0^2} = \frac{8}{9}h。$$

所以带电粒子射出电场位置 B 点的速度 $v_B = \sqrt{v_0^2 + \frac{4q\varphi h}{9md}}$；方向与水平方向夹角 $\theta = \arctan\frac{2}{3v_0}\sqrt{\frac{q\varphi h}{md}}$，斜向上飞出电场；位置坐标为 $\left(\frac{11}{3}v_0\sqrt{\frac{mdh}{q\varphi}}, \frac{8}{9}h\right)$。

方法二：直接求出 B 点的速度和位置：

在 $x_1 = 3l_0$ 位置时，带电粒子的速度为 $v_x = v_0$，$v_y = \frac{2q\varphi l_0}{mdv_0}$。

所以粒子运动到射出电场时，x 坐标为 $3\frac{2}{3}l_0$，y 坐标为 $y = v_y t - \frac{1}{2}at^2 = \frac{8q\varphi l_0^2}{9mdv_0^2} = \frac{8}{9}h$。

$$v_{By} = v_y - at = \frac{2}{3}\sqrt{\frac{q\varphi h}{md}}，之后的做法与方法一相同。$$

拓展2：若下极板与金属网 G 的距离变为 $\dfrac{d}{4}$，带电粒子从金属网 G 下方以最短时间水平飞出，求金属板的长度和飞出点的位置，请画出粒子运动轨迹。

解答：由于 G 下方区域的距离变为原来的一半，电势差不变，所以带电粒子在 G 下方区域 y 方向的加速度是在 G 下方区域的 2 倍。粒子水平飞出时，y 方向的速度为零，在 G 下方区域的运动时间是 G 上方区域运动时间的 $\dfrac{1}{2}$，由于 y 方向平均速度大小相等，所以粒子在 G 下方区域飞出电场时的位置坐标为 $\left(\dfrac{3}{2}l_0, -\dfrac{1}{2}h \right)$，金属板的长度为 $\dfrac{3}{2}l_0$。粒子运动轨迹如图 2 –55 所示。

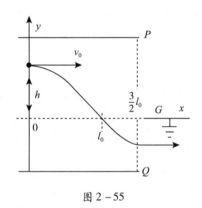

图 2 –55

学生从基本物理模型入手，试题的前两问并不难。两个拓展问题对学生能力要求较高，学生只有熟练掌握相关知识和方法，具备高水平的应用能力和创新能力，并且利用带电粒子在两个电场中运动的周期性，通过类平抛基本模型的创新应用才能较好地解决问题。这样拓展问题情境，能够让学生更加清晰地把握带电粒子在电场中的运动情况，能较好地发展学生的运动观念。

物理观念划分为水平一到水平五共五个水平层级：具有将物理学与实际相联系的意识；形成初步的物理观念；具有物理观念；具有清晰的物理观念；具有清晰、系统的物理观念。学生物理观念的形成和提升不能一蹴而就，需要在不同的学段采取不同的教学策略，让学生物理观念水平层级呈螺旋式提升。在高三复习教学过程中，教师通过挖掘高考试题内涵，使学生把物理概念和物理规律融会贯通，才能较好地发展学生高水平层级的物理观念，使学生在进入高校学习或工作中，能从物理学的视角正确描述和解释自然现象，灵活应用所学知识解决实际问题，为有效指导工作和生活实践打下坚实基础。

参考文献

［1］中华人民共和国教育部．普通高中物理课程标准（2017 年版）［M］．北京：人民教育出版社，2018．

［2］廖伯琴．普通高中物理课程标准（2017 年版）解读［M］．北京：高等教育出版社，2018．

［3］马亚鹏．物理观念"辩"与"立"［J］．物理教师，2019，40（7）：2－4，8．

［4］罗莹．物理核心素养研究：物理知识与物理观念［J］．物理教师，2018，39（6）：2－6．

（本教学案例于 2021 年 3 月发表于中文核心期刊《物理教师》）

3

第三章

基于核心素养的高中物理课堂教学评价

《国家中长期教育改革和发展规划纲要（2010—2020年）》指出：高中阶段教育是学生个性形成、自主发展的关键时期，对提高国民素质和培养创新人才具有特殊意义。《普通高中物理课程标准（2017年版2020年修订）》指出：全面贯彻党的教育方针，落实立德树人根本任务；关注信息化环境下的教学改革，关注学生个性化、多样化的学习和发展需求，促进人才培养模式的转变，着力发展学生的核心素养。

物理学科核心素养是学生在学习物理后所形成的、具有学科特点的成就，是学科育人价值的集中体现。学科核心素养是学科特性和教育内涵的有机融合。学科核心素养的提出意味着学科教育模式和学习方式的根本变革。

课程改革涉及的方面很多，课程改革的中心环节是课程实施，而课程实施的基本途径是课堂教学。最新一轮课程改革的核心是发展学生的核心素养。课堂教学是否符合核心素养培养的要求将直接影响课程改革的成功与失败。探索能促进学生核心素养发展的课堂教学改革，建立基于核心素养的高中物理课堂教学评价，对教师的课堂教学过程进行科学有效的评价，树立正确的导向作用，是进一步推进课程改革的关键。

第一节　核心素养理念下的课堂教学要素

课堂教学评价是对教师的课堂教学所进行的评价，主要是对教师课堂教学的行为及其效果进行的价值判断。广义的课堂教学评价通常有过程和结果、教师和学生两个方面的维度，涉及的是学生和教学结果的评价。本文论述的课堂教学评价是针对教师和学生在课堂教与学的行为而进行的，是通过多种角度、运用多种方法对真实环境的课堂教学过程中的教师和学生的行为进行发展性评价。课堂教学评价具有导向功能和激励功能。评价的目的是期望通过对教师的课堂教学进行点评、讨论、反思，让被评教师的教学技能和水平得到提高；激励教师转变教学观念，进行课堂教学改革，最终促进学生的学习。

基于核心素养的高中物理课堂教学评价是评价者依据核心素养理念制定的评价标准，对被评价者在一节物理课的行为表现和教学效果做出价值判断的过程，也是为被评价者的自我完善与发展提供依据的过程。其目的是提供反馈信息，改进基于核心素养理念的中学物理教学，提高中学物理课堂教学质量，促进教师的专业发展和学生核心素养的发展。

课堂教学要素是指课堂教学活动中所涉及的各种主客观因素，这些因素或者是教学活动的主体，或者是课堂教学活动所凭借的条件，或者是课堂教学活动进行的影响因素等。基于核心素养的课堂教学是教人，而不是教书；学科教师不是教学科，而是用学科来教人，这是基于学科核心素养的教学观念。教师需要高度关注学生的学习状态，明确教学活动不再是学生对知识做搬运、转移的过程，而是学生依据自身的经验来建构、发现和领悟动态生成的过程。核心素养理念下的课堂教学要素包括教学目标、教学内容、教师行为、学生行为和课堂文化五个要素。

（1）教学目标是关于教学将使学生发生何种变化的明确表述，是指在教学活动中所期待得到的学生的学习结果。在教学过程中，教学目标起着十分重要的作用。教学活动以教学目标为导向，且始终围绕实现教学目标而进行。基于核心素养的课堂教学目标应该符合 2020 年版课程标准和学生实际情况；达成度高，兼顾学生共同基础与差异发展。

（2）教学内容是指教学过程中同师生发生交互作用、服务于教学目的达成的动态生成的素材及信息。教师和学生对课程内容、教材内容与教学实际的综合加工形成了课堂教学内容。基于核心素养的课堂教学内容应该落实立德树人，突出学科核心素养；注重知识结构化，容量恰当，梯度合理。

（3）教师行为是指教师在教学过程中基于教学理念、教学经验、教学能力等教学素养，依据教学目标和教学要求，有目的、有意识地应对教学情境需要表现出的外部活动表现方式和对活动表现进行思考的内部心理反应。基于核心素养的课堂教学教师行为是课前准备充分，教学思路清晰，能较好地创设教学情境，发挥主导作用；在教学过程中有较强的组织能力、应变能力，对学生进行恰当的即时评价；语言生动准确，板书规范，媒体使用恰当，教态亲切、有感染力。

（4）学生行为是指学生在课堂学习过程中基于学习习惯、认知能力、认知心理等学习素养，依据教师的主导以及学生之间的互动而表现出来的外表活动和对活动表现进行思考的内部心理反应。基于核心素养理念的课堂教学中，学生行为表现在积极参与教学活动，开展有效的合作学习；能积极主动地思考质疑，提出有意义的问题和见解。

（5）课堂文化是一种特殊的聚合化的文化，并带有一定的情境性，主要体现的是一种氛围，是一种人的精神气象。课堂文化要充分体现个性，体现学生之间心与心的交流和沟通，形成一种内在的素质聚合力，促进其人格的形成。基于核心素养理念的课堂文化表现在学生思维自由、活跃度高，师生互动平等和谐；师生关系融洽，学生行为规范有序，有较强的聚合力。

第二节　高中物理四种课型教学的典型特征

《普通高中物理课程标准》提出，物理学科核心素养是学生在接受物理教育过程中逐步形成的适应个人终身发展和社会发展所需要的正确价值观念、必备品格和关键能力的综合表现，主要包括"物理观念""科学思维""科学探究""科学态度与责任"四个方面。物理学科核心素养通过学生参与学科活动，运用物理知识解决生活生产实际问题等实践活动逐渐涵养提升。教师要多创设真实的问题情境，让学生在课堂中亲身参与探究、建模、解释和论证等科学实践活动。按照物理课堂教学内容划分，中学物理教学常见的课型有物理概念规律教学课、物理实验教学课、物理习题教学课和物理复习教学课。四种课型都有各自的典型特征和重要作用。

一、物理概念和规律课

物理学主要是由物理概念和物理规律两部分组成的，物理概念是物理规律的基础，物理规律是物理学的核心。物理概念和规律是学生解决物理问题的主要理论依据，是形成"物理观念"进而从物理学视角解释自然现象和解决实际问题的基础。如何使学生形成、理解并掌握物理概念，进而掌握物理规律，使他们的物理观念和科学思维等核心素养在学习过程中得到发展，是中学物理教学的核心问题。物理概念规律教学课是让学生形成物理观念、发展科学思维的重要课型。

1. 物理概念教学典型特征

物理概念教学首先要解决的问题是为什么要引入这个概念。利用实验、图片等多媒体设计真实问题情境，让学生运用原有认知尝试解决，创设认知冲突以激发学生的学习兴趣，使学生获得感性知识。其次是引导学生根据物理概念的思维脉络，运用分析、综合、抽象、概括、演绎、类比、等效等思维方法，对感性材料进行思维加工，抓住主要因素，找出事物的本质属性和共同特征，形成物理概念。再次是分析物理概念所反映的物理现象、物理过程的本质属性和内涵，理解概念的内容；分析理解概念和周围其他概念、物理量的联系和适用范围。然后是让学生了解物理概念的外延，丰富概念，逐步深化和扩展对物理概念的理解。最后通过运用新概念解决物理问题，初步培养学生运用概念的方法和准确性；逐渐熟练运用以达到巩固、深化、活化概念的目的，培养学生运用概念解决问题的能力。

2. 物理规律教学典型特征

物理规律教学是教师引导学生探究物理概念之间的必然关系的认知过程。首先是创设情境，提出问题。教师对将要探究的物理问题创设一些情境，让学生在观察和体验后有所发现、有所联想，萌发出科学问题；或者创设一些任务，让学生在完成任务中运用科学思维，自己提炼出应探究的科学问题。其次是让学生通过科学探究，模拟经历科学家的研究过程，通过理论推导和实验验证初步得到物理规律的基本结论。再次是教师引导学生自主研讨，准确表述物理规律。第四是教师引导学生对规律表述的关键词和物理量进行推敲，对相关物理规律进行分析比较，明确它们的区别联系和适用条件、范围，形成理论体系，帮助学生深刻理解物理规律。最后是巩固深化，应用规律。教师在学生理解了物理规律和使用条件的基础上，引导学生运用物理规律解释一些生活现象，以及解决有关的物理问题。

概念规律教学的典型特征是让学生体验概念规律建立的过程，理解物理学的本质；引导学生内化概念规律，形成分析客观世界的物理视角。

二、物理实验课

物理学是一门实验科学，实验是研究物理的重要手段，是中学物理教学的重要内容。实验是物理知识的源泉，无论概念的建立还是规律的探索和论证都离不开实验。物理实验让学生有亲身实践的机会，培养学生动手动脑的习惯和能力。"科学探究"主要包括提出问题、猜想与假设、制订计划与设计实验、进行实验与搜集数据、分析与论证、评估、交流与合作等环节。由于时间和空间的制约因素，在一节物理实验课中并不一定要体现科学探究的全部环节，可以根据教学内容、学生、实验室等情况在实验课中突出部分科学探究的要素，例如在实验课堂中突出"实验与收集数据"这一环节，其他部分环节安排在课前和课后完成。

物理学的建立和发展都是在实验的基础上进行的，随堂实验探究、分组实验探究、边讲边实验探究的教学方式应该成为物理学科教师的教学习惯。将学习重心从知识的传承积累向知识的研究过程转化，突出学生的主体性，让学生有良好的过程性体验，培养学生问题、证据、解释、交流等要素的科学探究能力。物理实验教学课是发展学生科学探究、科学态度与责任等核心素养的重要课型。

三、物理习题课

物理习题教学课是以习题为载体进行教学的常规课型。其目的是更准确、更深入地认识物理概念、规律，帮助学生掌握运用物理知识解决问题的方法，纠正学生在物理学习过程中普遍存在的错误认识或做法。习题教学课是学习和运用科学思维的一种有效途径。

教师在物理习题教学课中要充分运用来源于生活生产和科技的问题情境，让物理知识和物理规律联系实际，引导学生程序性地解决问题，培养良好的学习习惯；培养学生建模、推理、论证、质疑创新等要素的科学思维能力。

四、物理复习课

复习课是一种通过再现教学内容，巩固和完善认知结构、强化教学的课型。复习课从不同的角度可分为多种层次类别：平时复习、单元复习、期中期末复习；系统复习、专题复习、综合复习等。复习课的主要作用是"总结、提高、巩固、加深"对知识的理解和运用。复习能使学生对重点内容的认识深刻化，使知识体系进一步结构化，促进学生物理观念的建立。教师有意识地培养学生规范解题和表达能力，开拓问题情境视野，运用科学术语阐述问题，在培养学生科学思维能力和自学能力方面有突出的作用。

物理复习教学课是对已学过的物理知识进行总结，帮助学生建立系统的知识网络。对学生来说，复习过程不再像探究新知识那样充满挑战的乐趣，不能引起学习的积极性。因此，教师应通过整合物理教材和参考书，对新课教学碎片化的内容进行重组，以提升学生思维的深度和广度，让学生通过再学习达到对知识的理解、整合、迁移，引导学生将所学的知识结构化，完善物理知识体系。

第三节　高中物理课堂教学评价的方法

教师的教学能力是多方面的，每个教师都有自己的教学风格和优势，不同的学科、不同的课型有不同的典型特征。课堂教学过程是教与学的建构过程，具有多维度的综合体现。

一、评价主体多元

评价主体是指参与课堂教学评价活动并按照一定的标准对评价客体进行价值判断的个人或团体等评价者。评价者可以是伙伴教师、教研员，还可以包括专职的评价机构、教育决策机构、学校管理人员、学生家长、学生群体和个体以及学校以外的其他有关人员。

常态化的课堂教学评价应该是以学校为基本单位，由学科教研组长或备课组长、教师共同参与。在评价过程中，组长引导教师在制定个人发展目标的同时，了解学校的发展计划和发展目标，确保教师的个人发展目标与学校的发展目标协调一致。每个教师的成长与发展都离不开集体。通过评价制订符合教师需要的发展计划，不仅能促进教师的发展，也对学校的发展有积极作用。

二、评价方式多样

1. 定量评价和定性评价相结合

定量评价采用评价量表进行评分，强调数值计算，具有客观化、标准化、精确化、简便化等鲜明的特征。但是定量评价忽略了那些难以量化的重要品质与行为，忽视了个性发展与多元标准，把丰富的个性心理发展和行为表现简单化为抽象的分数表征与数值计算。定性评价是评价者利用自己的知识、经验和判断对课堂教学的观察和分析，对任课教师做出定性结论的价值判断并写出评语。定量评价关注"量"而走向抽象并且侧重定量描述，定性评价关注"质"而走向具体并且侧重定性描述。定量评价和定性评价相结合使评价结果更加全面和客观。

2. 自评与他评相结合

被评价者对自己的课前准备、教学设计、教学行为和教学完成情况等进行系统的自我反思，认知自己的优势和不足，发挥教师自我评价的主体作用。他人评价能够从不同的角度观察课堂教学，能够发现教师自我评价难以认知的问题。自评与他评相结合，从同伴的评价中反思自己的教学，既可以借鉴他人的经验，又可以吸取自己的教训，对于改进教学和发展自我都是非常有意义的。

3. 观课采取直接参与课堂教学或观看课堂教学视频实录等形式，根据观察记录做出评价

现场观课身临其境，能对全部课堂教学要素进行观察，由于时效性，需要对课堂即时呈现的各种要素进行取舍记录。视频实录观课只能是凭借画面进行观察，角度单一，唯一的好处是对时效性没有要求，可以自由选择时间和地点进行观课。在观课过程中要边听、边看，还要边想，不能停留在表面现象，需要透过现象想本质。

4. 采用发展性评价方式，促进评价对象较好地在课堂教学中发展学生的核心素养

评价者在评价过程中要对评价对象的课堂教学给出全面性和建设性的意见，指出教师课堂教学的优点和不足，提出具体而详细的建议，肯定优点和指出缺点。接受评价的教师可以提出自己的意见，分析自己课堂教学成功的地方，剖析不足的地方。评价者和被评价者要及时沟通和交流，以达成共识。利用每一次评价为教师个体提出不同的建设性意见，促进教师自觉主动地发展。

三、评价指标多维

核心素养理念下的课堂教学要素包括教学目标、教学内容、教师行为、学生行为和课堂文化，这五个要素组成了评价指标的维度。课堂教学中有物理概念规律教学课、物理实验教学课、物理习题教学课和物理复习教学课四种具有典型特征的课型，它们有不同的评价指标。

四、评价量表

评价量表是一种评分工具，描述的是对课堂教学任务的具体期望。评价量表包含评价指标、评价标准以及相应的权重、收集信息的表格等。评价量表是根据评价标准制定的，提供必要的测量尺度和依据。表 3-1 为核心素养理念下的中学物理课堂教学评价量表。

表 3-1

任课教师姓名		任课班级		听课时间			
课题			课型				
指标	评价标准（定量评价）			评价得分（√）			
教学目标	（1）符合 2020 年版课程标准和学生实际情况			5	4	3	2
	（2）达成度高，兼顾学生共同基础与差异发展			5	4	3	2
教学内容	（3）落实立德树人，突出物理学科核心素养			5	4	3	2
	（4）注重知识结构化，容量恰当，梯度合理			5	4	3	2
教师行为	（5）准备充分，思路清晰，创设情境，发挥主导作用			10	8	6	4
	（6）有较强组织能力、应变能力，对学生进行恰当即时评价			10	8	6	4
	（7）语言生动准确，板书规范，媒体使用恰当，教态亲切、有感染力			10	8	6	4
学生行为	（8）能积极参与教学活动，有效地合作学习			10	8	6	4
	（9）能积极主动思考质疑，提出有意义的问题和见解			10	8	6	4
课堂文化	（10）学生思维自由、活跃度高，师生互动平等和谐			5	4	3	2
	（11）师生关系融洽，学生行为规范有序，有较强的聚合力			5	4	3	2

续 表

以下分四种教学课型进行评价（只选一种）					
概念规律教学	（12）让学生体验概念规律建立的过程，理解物理学的本质	10	8	6	4
	（13）引导学生内化概念规律，形成分析客观世界的物理视角	10	8	6	4
实验教学	（14）能突出学生主体性，让学生有良好的过程性体验	10	8	6	4
	（15）培养学生问题、证据、解释、交流等要素的科学探究能力	10	8	6	4
习题教学	（16）联系实际，引导学生程序性解决问题，培养良好的学习习惯	10	8	6	4
	（17）培养学生建模、推理、论证、质疑创新等要素的科学思维能力	10	8	6	4
复习教学	（18）引导学生进行自我重构、完善物理知识体系	10	8	6	4
	（19）整合物理教材和参考书，提升学生思维的深度和广度	10	8	6	4
评价得分（满分100分）					
评语（定性评价）：					

在广东省黄爱国名教师工作室跟岗学习活动中，课题组成员 12 人在广东广雅中学、广东省茂名市电白区第一中学和华南师范大学附属中学等学校的课堂教学观摩中使用评价量表进行评价。选取三节典型课型的指标评价得分做了统计，见表 3-2。

表 3 - 2

课型	概念规律课		实验课		复习课	
指标序号	平均分	标准差	平均分	标准差	平均分	标准差
（1）	4.900	0.350	4.800	0.452	4.857	0.350
（2）	4.857	0.350	4.429	0.495	4.286	0.452
（3）	4.857	0.350	4.714	0.452	4.286	0.452
（4）	4.571	0.495	4.143	0.350	5.286	1.161
（5）	9.714	0.700	9.429	0.728	8.571	0.904
（6）	8.571	0.904	8.857	0.990	8.286	0.700
（7）	9.429	0.904	9.571	0.495	8.286	0.700
（8）	9.429	0.904	8.429	0.495	7.429	1.400
（9）	8.286	0.700	8.000	0.350	7.714	0.700
（10）	4.429	0.495	4.286	0.452	3.857	0.350
（11）	4.857	0.350	4.429	0.495	4.714	0.452
（12）	9.714	0.700				
（13）	9.714	0.700				
（14）			8.571	0.495		
（15）			8.143	0.350		
（16）						
（17）						
（18）					8.286	0.700
（19）					7.857	1.355
评价得分	93.429	2.259	87.800	2.231	83.714	3.010

从表 3 - 2 的统计结果可以看出，各指标评价得分标准差较小，说明评价量表对指标的定义清晰、易理解，教师根据这些标准进行评价时得分偏差很小，各指标评价的效度较好；从评价得分看，优秀课和良好课的得分区分度较好。工作室主持人和两位助手也参与了这次活动，他们按照自己的教学经验也对这三节课做了评价，评价结果基本是一致的，说明了评价量表的设置比较科学合理。

第四节　高中物理课堂教学评价案例分析

一、概念规律课"超重和失重"新课引入教学片段

新课引入：

师：学习新内容前，先让我们一起来观察一个小实验（演示实验）。在水瓶静止、水瓶自由下落两种状态下，水流的情况有什么不同？

生：水瓶静止时，水会从瓶子中流出；水瓶自由下落时，水不会从瓶子中流出。

图 3 - 1

师：水瓶自由下落时，为什么水就不会从瓶子中流出来了呢？

师：这个问题我们暂时不能很好地解释。下面我们再来看一个视频录像。

师：现在我分别用台秤和弹簧秤来模拟人随电梯做变速运动的过程。我分别用重物放在台秤上、挂在弹簧秤下来模拟电梯加速时的情境，请大家观察在电梯静止和刚启动时台秤和弹簧秤读数的变化情况。

生：电梯刚启动时，台秤、弹簧秤的读数比静止时的读数大。

师：怎样理解读数的变化？

生：静止时，读数跟重物所受重力相等，此时重物处于平衡状态；电梯

开始上升时，弹力（读数）大于重力，合外力向上，重物获得向上的加速度
而加速上升。

师：像这样物体对它的支持物的压力（或对悬挂物的拉力）大于物体所
受到的重力的现象，称为超重现象。

师：至此大家想到了什么？

生1：电梯停止上升前，读数小于重物所受重力。

生2：是不是还有"失重"？

图 3 - 2

生3：……

学生畅谈自己的想法，教师引导学生利用牛顿第二运动定律进行定量
分析。

教学评价：教师紧扣教材，灵活地将教材中的问题与练习部分的问题调整
到课前，以问题的形式引入。接着再通过视频实验演示，对学生原有认知产生
冲击，引发学生思考。充分体现了评价量表第（5）条教师行为：准备充分，思
路清晰，创设情境，发挥主导作用；第（9）条学生行为：能积极主动思考质
疑，提出有意义的问题和见解；第（12）条概念规律教学：让学生体验概念规
律建立的过程，理解物理学的本质。评价得分为 10 分、10 分和 8 分。

（广东省黄爱国名教师工作室跟岗学员——普宁市第二中学　陈泓彬）

二、概念规律课 "影响加速度的因素" 实验探究教学片段

（一）新课探究，培养学生基于实际现象提出、分析、处理问题的能力

师：当我们要研究三个物理量之间的关系时，通常采用什么方法？

生：控制变量法。

师：本节的探究中，请同学们理清：我们要控制谁？变谁？比较谁？

情境1：保持物体质量 m 不变，改变合外力 $F_合$，比较加速度 a。

情境2：保持物体受合外力 $F_合$ 不变，改变质量 m，比较加速度 a。

问题1：如何能较快地比较加速度大小？

问题2：怎样改变物体所受合外力的大小？

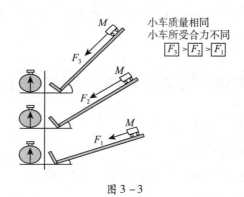

小车质量相同
小车所受合力不同
$\boxed{F_3} > \boxed{F_2} > \boxed{F_1}$

图 3 – 3

（二）学生探究一——质量 m 一定时，物体加速度 a 与合外力 $F_合$ 的关系

给出实验器材，引导学生按图 3 – 3 所示分组进行实验探究，并完成实验现象记录和得出实验初步结论。

表 3 – 3

	$F_合$大小	a 的大小	$F_合$方向	a 的方向
1	较小			
2	较大			
3	更大			

实验结果：当物体的质量保持不变，物体受到的合外力逐渐增大时，其加速度将_____；反之，物体受到的合外力逐渐减小时，其加速度将_____。加速度的方向与合外力的方向_____。

师：在探究一实验中，摩擦力的存在对我们的研究结果有没有影响？

教学评价： 教师引导学生寻求合理的研究方法体现了科学的探究精神。在实验探究前让学生清晰了解研究什么、怎么研究，培养学生科学态度。通过合作实验，提升学生动手操作能力，与他人协作能力。通过对现象的分析思考，让学生敢于发表自己的见解，能根据实验事实得出结论。较好地体现评价量表第（8）条学生行为：能积极参与教学活动，有效地合作学习；第（14）条实验教学：能突出学生主体性，让学生有良好的过程性体验；第（15）条实验教学：培养学生问题、证据、解释、交流等要素的科学探究能力。评价得分为8分、10分和8分。

（广东省黄爱国名教师工作室跟岗学员——湛江经济技术开发区觉民中学　张振祯）

三、物理实验课"气体的等容变化实验"教学片段

任务一：选择实验器材

问：本实验目的是什么？

答：探究气体的等容变化过程中压强和温度的关系。

问：用什么仪器可以保证实验过程中气体的体积不变？

答：可以使用用塞子密封的小烧瓶。

教师说明：为了使烧瓶的密封性更好，可以用蜡密封瓶口和瓶塞间的空隙。

问：如何改变小烧瓶内气体的温度？

答：可以通过把小烧瓶浸入不同温度的热水中来改变烧瓶内气体的温度。

问：回答得很好。气体压强可以用什么仪器测量？

答：可以与上一个实验（气体的等温变化实验）一样用压强传感器测量。

教师说明：可以把压强传感器的探头穿过瓶塞固定好。

问：气体温度可以用什么仪器测量？

答：温度传感器。

教师说明：温度传感器的探针不宜直接插入烧瓶内测量气体的温度，可以把探针插入热水中通过测量热水的温度从而得到气体的温度。

教师思维引导：利用所学知识解决问题，是我们教学的目标之一。教师通过问题引导，使学生类比前次实验寻求解决的方案。

任务二：设计实验方案

小组讨论，共同设计实验方案：多次改变热水的温度，从而得到多组压

强与温度数据，从数据中得到一定质量的气体在体积不变时温度与压强的关系。

问：猜想一定质量的气体在体积不变时温度与压强是什么关系？

答：正比？

问：如何利用多组数据验证猜想？

答：建立平面直角坐标系，以温度为纵坐标，以压强为横坐标，作出温度与压强关系的图像，若图像为过原点的倾斜直线，则证明温度与压强成正比。

教师思维引导：利用图像寻求物理量之间的关系，是物理实验的重要手段。探究弹力和弹簧伸长的关系、验证牛顿运动定律、测定电源的电动势和内阻等多个实验都曾使用图像寻求测量物理量之间的关系，学以致用，教师通过问题导学促进学生思维，促进物理方法的形成。

任务三：提炼注意事项

小组讨论，该实验可能产生误差的原因。

问：能否用酒精灯持续加热烧杯中的热水，从而改变烧瓶中气体的温度？

答：由于温度传感器的探针测量的是热水的温度，而不是气体的实际温度，用酒精灯持续加热，气体的温度变化跟不上热水的温度变化，温度数据不准确。

问：回答得很好，这样提示我们在采集数据的时候要注意什么问题？

答：改变热水温度后，不能马上采集数据，要等一会儿，让烧瓶内气体的温度与热水的温度相等，达到热平衡，才能采集数据。

问：还有其他需要注意的地方吗？

答：保证烧瓶内气体的质量一定，应避免烧瓶浸入水中后有水浸入烧瓶内，不应把瓶塞处也浸入水中。

教师思维引导：实验误差的分析可以帮助学生培养缜密的思维，猜想——验证——批判——重建，多次重复实验方案可以使实验更完美。教师把实验的设计交给学生，促使学生在实验中不断思考、不断完善，对学生的思维培养有很好的促进作用。

任务四：操作完成实验

学生完成实验，处理数据，得出实验的结论，讨论实验的收获。

教学评价：教师设置问题进行引导，激发学生思维，带领学生主动学习，实现"学生主体"教学模式。较好地体现评价量表第（6）条教师行为：有较强组织能力、应变能力，对学生进行恰当即时评价；第（10）条课堂文化：学生思维自由、活跃度高，师生互动平等和谐；第（14）条实验教学：能突出学生主体性，让学生有良好的过程性体验；第（15）条实验教学：培养学生问题、证据、解释、交流等要素的科学探究能力。评价得分为 8 分、10 分、10 分和 8 分。

（广东省黄爱国名教师工作室跟岗学员——江门市第一中学　郑维靖）

四、物理习题课"弹簧的平衡问题"教学片段

习题 1：如图 3 - 4 所示，请分析物块的受力情况。

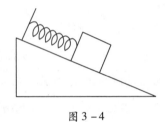

图 3 - 4

生 1：重力。

师：对，先考虑重力。

生 2：还有支持力。

生 3：弹簧的拉力。

生 4：然后斜面对它的摩擦力。

师：摩擦力是向……

生 3：沿斜面向下。

生 2：不，是沿斜面向上。

生 1：向下吧？弹簧有拉它。

生 2：没有，物体下去，所以斜面给它的摩擦力不就向上？

教师思维引导：根据学生困难，顺势而上，引导学生回顾静摩擦力的特点，再由学生自己突破静摩擦力这个分析难点，让学生在自我主动发现问题

中学会解决问题。

习题2：如图3－5所示，斜面倾角为θ，物块与斜面摩擦因数为μ，求物块的平衡条件。

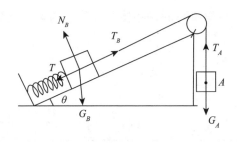

图3－5

生1：物块受到重力、斜面对它的支持力、绳子的拉力、弹簧对它的拉力。

师：在判断弹力方向时未考虑弹簧处于什么状态？

师：请大家思考弹簧的状态有哪几种可能？静摩擦力又有哪几种情况？

生2：假设弹簧处于拉伸状态，得到如图所示的受力分析图。在进一步分析物体受到的静摩擦力方向时，有新问题：一开始误认为 $T_B = T$ 时，$f = 0$。

生3：补充 $G_B\sin\theta + T = T_B$，$f = 0$。

生4：弹簧处于拉伸状态，静摩擦力沿斜面向下，有 $G_B\sin\theta + T + f = T_B$。

师：静摩擦力的方向和弹簧的状态有关吗？

师：若弹簧处于拉伸状态，静摩擦力沿斜面向下；若弹簧处于压缩状态，静摩擦力沿斜面向上。

教师思维引导：教师抓住这个契机，让学生思考弹簧处于拉伸状态时，静摩擦力有没有可能沿斜面向上，让学生突破当 $G_B\sin\theta + T > T_B$ 时，静摩擦力沿斜面向上的难点。

教学评价：此案例中，教师在学生生成问题、解决问题中层层深入，通过逐层剖析，一步步引导学生突破静摩擦力这一难点。学生体验到了一种情境式、体验式的习题课教学模式。很好地体现评价量表第（16）条习题教学：联系实际，引导学生程序性解决问题，培养良好的学习习惯；第（17）条习题教学：培养学生建模、推理、论证、质疑创新等要素的科学思维能力。评价得分都为 10 分。

五、物理复习课"力学三大观点的应用一"教学片段

力学知识体系：力学研究的是物体受力作用与运动变化的关系。力学三大观点如图 3－6。

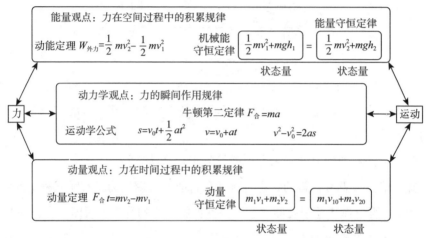

图 3－6

例题：斜面高为 h，倾角为 θ，斜面与质量为 m 的物块 A 之间的摩擦因数为 μ，求 A 从斜面顶端滑动到底端时速度的大小（重力加速度为 g）。

解题思路 1：动力学观点

$$
\left.
\begin{array}{l}
mg\sin\theta - f = ma \\
N - mg\cos\theta = 0 \\
f = \mu N
\end{array}
\right\}
\left.
\begin{array}{l}
v^2 = 2as \\
a = g\sin\theta - \mu g\cos\theta \\
s = \dfrac{h}{\sin\theta}
\end{array}
\right\}
v = \sqrt{2gh - 2\mu gh\dfrac{\cos\theta}{\sin\theta}}
$$

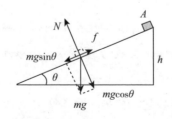

图 3－7

解题思路2：能量观点

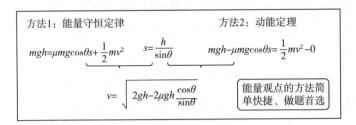

教学评价：此案例中，由教师启发和引导学生梳理三大力学观点对应的物理知识和规律，建立起正确且清晰的物理知识结构、物理规律体系。通过例题让学生体会三种解题方法的联系与区别，学会选择恰当的方法解题。很好地体现评价量表第（4）条教学内容：注重知识结构化，容量恰当，梯度合理；第（18）条复习教学：引导学生进行自我重构、完善物理知识体系；第（19）条复习教学：整合物理教材和参考书，提升学生思维的深度和广度。评价得分为4分、10分和8分。

六、结束语

应用基于核心素养理念的中学物理课堂教学评价量表来评价中学物理课堂教学，对教师的课堂教学进行点评、讨论、反思，激励教师转变教学观念，对于在核心素养理念下进行课堂教学的改革有较好的正向引导作用。

参考文献

[1] 核心素养研究课题组．中国学生发展核心素养［J］．中国教育学刊，2016（10）：1－3.

[2] 中华人民共和国教育部．普通高中物理课程标准［M］．北京：人民教育出版社，2017.

[3] 霍华德·加德纳．多元智能［M］．沈致隆，译．北京：新华出版社，1999.

[4] 张大均．教育心理学［M］．北京：人民教育出版社，2005.

[5] 朱永飞，贾力耘，杨绪明．高效课堂的基本要素及其组合原则．［J］．广西师范学院学报：哲学社会科学版，2016，37（3）：121－127.

［6］郭玉英，姚建欣，张玉峰．基于学生核心素养的物理学科能力的研究［M］．北京：北京师范大学出版社，2017．

［7］刘桂辉．走向自主：教师教学行为转变研究［D］．武汉：华中师范大学，2018．

［8］蔡宝来，车伟艳．英国教师课堂教学评价新体系：理念、标准及实施效果［J］．全球教育展望，2008（1）：67－71．

（本章内容是 2021 年 5 月由黄爱国老师主持的广东省教育科学规划课题"基于核心素养的高中物理课堂教学评价的研究"的结题报告）

附　录

高一物理第一学期课程纲要

模块名称：必修一　　　　　教学总课时：50 节

备课组长：李剑虹　　　　　备课组成员：洪丹、蔡钳、吴玖丹、胡金平

课程目标 （期望把 学生带到 哪里?）	1. 能用位移、速度、加速度等物理量描述物体的直线运动，能用匀变速直线运动的规律解释或解决生活中的具体问题。 2. 能对物体的受力和运动情况进行分析并得出结论，能从物理学的运动与相互作用的视角分析自然与生活中的有关简单问题。 3. 了解建立质点模型的抽象方法和质点模型的适用条件，能在特定情境下将物体抽象为质点，体会物理模型建构的思想和方法。 4. 通过瞬时速度和加速度概念的建构，体会物理问题研究中的极限方法和抽象思维方法。知道证据是物理研究的基础，能使用简单直接的证据表达自己的观点。 5. 会做"探究加速度与物体受力、物体质量的关系"等实验。能明确科学探究实验所要解决的问题，知道制定实验方案是重要的，有控制变量的意识。会使用基本的力学实验器材获取数据，能用物理图像描述实验数据，能根据数据得出实验结论，知道实验存在误差。能表达科学探究的过程和结果。 6. 通过对直线运动和牛顿运动定律的学习，认识到物理学是对自然现象的描述与解释，具有学习物理学的兴趣。

课程内容 （基本的素材和活动是什么?）		教学实施 （我与学生怎样去?）
第 1 单元： 机械运动与 物理模型	1. 了解近代实验科学产生的背景。 2. 认识实验对物理学发展的推动作用。	了解伽利略的实验研究工作，认识伽利略有关实验的科学思想和方法。

课程内容 （基本的素材和活动是什么?）	教学实施 （我与学生怎样去?）

	课程内容 （基本的素材和活动是什么?）	教学实施 （我与学生怎样去?）
第1单元： 机械运动与 物理模型	1. 经历质点模型的建构过程，了解质点的含义。 2. 知道将物体抽象为质点的条件，能将特定实际情境中的物体抽象成质点。 3. 体会建构物理模型的思维方式，认识物理模型在探索自然规律中的作用。	通过质点模型、太阳系行星模型等实例，体会物理模型在物理学研究中的意义。
	1. 理解位移、速度和加速度。 2. 通过实验，探究匀变速直线运动的特点，能用公式、图像等方法描述匀速直线运动。 3. 理解匀变速直线运动的规律，能运用其解决实际问题。 4. 体会科学思维中的抽象方法和物理问题研究中的极限方法。	1. 结合瞬时速度概念的建构，体会研究物理问题的极限方法。 2. 结合加速度概念的建构，体会物理学中的抽象思维。 3. 用打点计时器、频闪照相或其他实验工具研究匀变速直线运动的规律。
	1. 通过实验，认识自由落体运动的规律。 2. 结合物理学史的相关内容，认识物理实验与科学推理在物理学研究中的作用。	1. 查阅资料，了解亚里士多德关于力与运动的主要观点和研究方法。 2. 查阅资料，了解伽利略研究自由落体运动的实验和推理方法。
第2单元： 相互作用与 运动定律	1. 认识重力、弹力与摩擦力。 2. 通过实验，了解胡克定律。 3. 知道滑动摩擦和静摩擦现象，能用动摩擦因数计算滑动摩擦力的大小。	1. 调查生产生活中所用弹簧的形状及使用目的。 2. 制作一个简易弹簧测力计，用胡克定律解释其原理。 3. 调查生产生活中利用或尽量避免摩擦的实例。

续表

课程内容 （基本的素材和活动是什么？）		教学实施 （我与学生怎样去？）
第 2 单元： 相互作用与 运动定律	1. 通过实验，了解力的合成与分解。 2. 知道矢量和标量。 3. 能用共点力的平衡条件分析生产生活中的问题。	1. 了解等效替代的思想，通过实验方案，猜想合力与分力的关系，做出验证。 2. 通过对实际生活中的物体作受力分析，体会受力与运动状态的对应关系。
	1. 通过实验，探究物体运动的加速度与物体受力、物体质量的关系。 2. 理解牛顿运动定律，能用牛顿运动定律解释生产生活中的有关现象、解决有关问题。 3. 通过实验，认识超重和失重现象。 4. 知道国际单位制中的力学单位，了解单位制在物理学中的重要意义。	1. 明确科学探究实验所要解决的问题，能够制定实验方案，有控制变量的意识。 2. 根据牛顿第二定律，设计一种能显示加速度大小的装置。 3. 通过各种活动，例如乘坐电梯、到游乐场参与有关游乐活动等，体验失重与超重。 4. 查阅资料，了解基本单位的定义。
教学评价 （何以知道学生已经到哪里？）	通过课堂表现、作业、单元测试、期中和期末测试、实验设计和制作、学生小论文等方式对学生进行教学评价。	

高一物理第二学期课程纲要

模块名称：必修二　　　　　教学总课时：50 节

备课组长：李剑虹　　　　　备课组成员：洪丹、蔡钳、吴玖丹、胡金平

课程目标 （期望把 学生带到 哪里?）	1. 能对常见的机械运动进行分类。会用运动与相互作用的知识分析曲线运动问题，能用万有引力定律分析简单的天体运动问题，初步了解相对论时空观。能用能量的观点分析和解释常见的有关机械运动问题。 2. 能认识平抛运动、匀速圆周运动的物理模型特征。通过研究平抛运动、匀速圆周运动等运动形式，体会物理学中实验和理论推导的方法，以及化繁为简的研究方法。能使用证据说明自己的观点，能对关于机械能、曲线运动、引力的一些错误认识进行质疑。 3. 会做"探究平抛运动的特点"等实验。能明确实验需要测量的物理量，并由此设计实验方案。会使用所提供的实验器材进行实验并获得数据，通过对数据的分析发现其中的特点，进而归纳出实验结论，并尝试对其做出解释。能撰写简单的实验报告。 4. 通过对行星运动规律和相对论的学习，认识到科学研究包含大胆的想象和创新，科学理论既具有相对稳定性，又是不断发展的，人类对自然的探索永无止境。具有探索自然、造福人类的意识。

	课程内容 （基本的素材和活动是什么?）	教学实施 （我与学生怎样去?）
第 1 单元： 曲线运动与 万有引力 定律	1. 通过实验，了解曲线运动。 2. 知道物体做曲线运动的条件。	1. 比较物体做直线运动的条件。 2. 观察生活中的曲线运动，如投篮时篮球的运动轨迹；使钢球直线运动，径迹旁边放磁铁，观察受磁铁吸引的钢球的运动轨迹。

续 表

	课程内容 （基本的素材和活动是什么?）	教学实施 （我与学生怎样去?）
第 1 单元：曲线运动与万有引力定律	1. 通过实验，探究并认识平抛运动的规律。 2. 会用运动合成与分解的方法分析平抛运动。 3. 体会将复杂运动分解为简单运动的物理思想。 4. 能分析生产生活中的抛体运动。	1. 用不同的两个互相垂直的方向，分解抛体运动，并解释分运动。 2. 通过分析渡河问题、关联速度问题，理解合运动和分运动的等时性。 3. 查阅资料，比较炮弹的实际弹道与理想抛物线的差异，尝试做出解释。
	1. 会用线速度、角速度、周期描述匀速圆周运动。 2. 知道匀速圆周运动向心加速度的大小和方向。 3. 通过实验，探究并了解匀速圆周运动向心力大小与半径、角速度、质量的关系。 4. 能用牛顿第二定律分析匀速圆周运动的向心力。 5. 了解生产生活中的离心现象及其产生的原因。	1. 通过活动，如拉手转圈等，体验圆周运动中的向心力。 2. 了解铁路和高速公路拐弯处路面有一定倾斜度的原因。理解汽车转弯的最大速度及在下雨天减速的原因。分析汽车过拱桥问题。 3. 收集资料，探讨自行车拐弯时受到的向心力。
	1. 通过史实，了解万有引力定律的发现过程。 2. 知道万有引力定律，认识发现万有引力定律的重要意义。 3. 认识科学定律对人类探索未知世界的作用。	1. 通过发现海王星等事实，说明科学定律的作用。 2. 以万有引力定律为例，了解统一性观念在科学认识中的重要意义。
	1. 会计算人造地球卫星的环绕速度。 2. 知道第二宇宙速度和第三宇宙速度。	1. 了解牛顿力学对航天技术发展的重大贡献。 2. 观看有关人造地球卫星、神舟飞船、航天飞机、空间站的录像片，与同学交流观后感。 3. 收集我国和世界航天事业发展历史和前景的资料，写出调查报告。

续 表

课程内容 （基本的素材和活动是什么？）	教学实施 （我与学生怎样去？）	
第 2 单元：机械能及其守恒定律	1. 理解功和功率。 2. 了解生产生活中常见机械的功率大小及其意义。	1. 分析物体移动的方向与所受力的方向不在一条直线上时，该力所做的功。 2. 分析汽车发动机的功率一定时，牵引力与速度的关系。
	1. 理解动能和动能定理。 2. 能用动能定理解释生产生活中的现象。	1. 根据牛顿第二定律推导出动能定理。 2. 通过查阅资料、访问有关部门，收集汽车刹车距离与车速关系的数据，并用动能定理进行解释。
	1. 理解重力势能，知道重力势能的变化与重力做功的关系。 2. 定性了解弹性势能。	通过数学推导，理解重力做功与路径无关。
	1. 通过实验，验证机械能守恒定律。 2. 理解机械能守恒定律，体会守恒观念对认识物理规律的重要性。 3. 能用机械能守恒定律分析生产生活中的有关问题。	1. 设计实验方案，验证机械能守恒定律。 2. 通过查阅资料，分析生产生活中机械能守恒的实际例子。
第 3 单元：牛顿力学的局限性与相对论初步	知道牛顿力学的局限性，体会人类对自然界的探索是不断深入的。	查阅资料，初步了解和比较亚里士多德、伽利略、牛顿、爱因斯坦等科学家的科学研究方法。
	初步了解相对论时空观。	1. 初步了解长度收缩效应和时间延缓效应。 2. 初步了解时空弯曲。 3. 阅读有关相对论的科普书刊，在同学中举办小型讨论会。

续 表

课程内容 （基本的素材和活动是什么?）		教学实施 （我与学生怎样去?）
第 3 单元：牛顿力学的局限性与相对论初步	关注宇宙起源和演化的研究进展。	1. 查阅资料，初步了解典型的恒星演化过程。 2. 观看有关宇宙起源的科教电视专题片，了解宇宙的演化。
教学评价 （何以知道学生已经到哪里?）	通过课堂表现、作业、单元测试、期中和期末测试、实验设计和制作、科技节活动等方式对学生进行教学评价。	

高二物理第一学期课程纲要

模块名称：选择性必修一、必修三　　　　教学总课时：70 节

备课组长：赵建辉　　　　　　　　　　备课组成员：刘湘敏、潘克勤、程震惊

课程目标 （期望把 学生带到 哪里?）	1. 关注学生体验、感悟和实践的过程，通过物理学习情境的创设、实验环节的开发和学习渠道的拓展，丰富学生的经历和经验，改良学生的学习方式，实现知识的传承、能力的提升、科学态度与价值观形成的统一。 2. 以育人理念为指导，采用富有人性化、人情味的教学方法。关注学生的终身可持续发展，使学生掌握终身学习所必备的物理必备知识与关键能力，培养学生的创新精神、实践能力与根本的人文素养。

课程内容 （基本的素材和活动是什么?）	教学实施 （我与学生怎样去?）
第 1 单元： 振动和波	1. 通过观察和分析，理解简谐运动的特征。能用公式和图像描述简谐运动的特征。 2. 通过实验，探究单摆的周期与摆长的关系。 3. 知道单摆周期与摆长、重力加速度的关系。会用单摆测定重力加速度。 4. 通过实验，认识受迫振动的特点。了解产生共振的条件以及共振在技术上的应用。	1. 通过生活中的振动的实例总结机械振动的规律。 2. 通过弹簧振子的振动，结合传感器分析简谐运动的特征。 3. 调查生产生活中受迫振动的应用实例。 4. 调查生产生活中利用和防止共振的实例。

课程内容 （基本的素材和活动是什么?）		教学实施 （我与学生怎样去?）
第 1 单元： **振动和波**	通过观察，认识波是振动传播的形式和能量传播的形式。能区别横波和纵波。能用图像描述横波。理解波速、波长和频率（周期）的关系。	通过绳波、水波的演示了解波动的形成及传播的特征。
	1. 了解惠更斯原理，能用其分析波的反射和折射。 2. 通过实验，认识波的干涉现象、衍射现象。 3. 通过实验感受多普勒效应。解释多普勒效应产生的原因。列举多普勒效应的应用实例。	1. 用波动演示器显示波的叠加。 2. 观察音叉双臂振动激发的水波反射、干涉、衍射现象。
第 2 单元： **静电场**	1. 了解静电现象及其在生活和生产中的应用。能用原子结构和电荷守恒的知识分析静电现象。 2. 知道点电荷，体会科学研究中的理想模型方法。知道两个点电荷间相互作用的规律。	1. 通过多种方式使物体带电，观察静电现象。 2. 演示并分析静电感应现象。 3. 与质点模型类比，体会在什么情境下可将带电体抽象为点电荷。 4. 体会库仑扭秤实验设计的巧妙之处。
	1. 了解静电场，初步了解场是物质存在的形式之一。理解电场强度。会用电场线描述电场。 2. 知道电势能、电势，理解电势差。了解电势差与电场强度的关系。	与重力势能对比，分析物理学中引入电势能的依据。
	观察常见电容器的构造，了解电容器的电容。举例说明电容器在技术中的应用。	查阅资料，了解电容器在照相机闪光灯电路中的作用。

课程内容 （基本的素材和活动是什么?）	教学实施 （我与学生怎样去?）
第 3 单元:电路	
1. 观察并尝试识别常见的电路元器件,初步了解它们在电路中的作用。 2. 初步了解多用表的原理。学会使用多用表。 3. 探究决定导线电阻的因素,知道电阻定律。	1. 知道滑动变阻器的工作原理。 2. 通过 $I-U$ 图像了解材料的电阻特性。 3. 分别描绘电炉丝、小灯泡、半导体二极管的 $I-U$ 特性曲线,对比它们导电性能的特点。
1. 知道电源的电动势和内阻,理解闭合电路的欧姆定律。 2. 测量电源的电动势和内阻。	通过探究电源两端电压与电流的关系,体会图像法在研究物理问题中的作用。
1. 理解电功、电功率及焦耳定律,能用焦耳定律解释生产生活中的电热现象。 2. 能分析和解决家庭电路中的简单问题,能将安全用电和节约用电的知识应用于生活实际。	根据某家庭的电器设施,估算该家庭电路中所需导线的规格。
第 4 单元:电磁学	
1. 能列举磁现象在生产生活中的应用。了解我国古代在磁现象方面的研究成果及其对人类文明的影响。关注与磁相关的现代技术发展。 2. 通过实验,认识磁场。了解磁感应强度,会用磁感线描述磁场。体会物理模型在探索自然规律中的作用。	判断通电直导线和通电线圈周围磁场的方向,用磁感线描绘通电直导线和通电线圈周围的磁场。
1. 知道磁通量。 2. 通过实验,了解电磁感应现象,了解产生感应电流的条件。 3. 知道电磁感应现象的应用及其对现代社会的影响。	收集资料,了解手机无线充电的原理。

续 表

课程内容 （基本的素材和活动是什么？）	教学实施 （我与学生怎样去？）
第 4 单元： 电磁学	1. 通过实验，了解电磁波，知道电磁场的物质性。 2. 通过实例，了解电磁波的应用及其带来的影响。 3. 知道光是一种电磁波。知道光的能量是不连续的。初步了解微观世界的量子化特征。	1. 知道手机和卫星通信等都是电磁波的应用。 2. 查阅资料，了解电磁感应现象的发现过程。 3. 调查电磁波在现代社会中应用的实例。
教学评价 （何以知道学生已经到哪里？）	通过课堂表现、作业、单元测试、期中和期末测试、实验设计和制作、研究性学习小论文等方式对学生进行教学评价。	

高二物理第二学期课程纲要

模块名称：选择性必修二、选择性必修三 　　教学总课时：75 节

备课组长：赵建辉 　　　　　　　　　备课组成员：刘湘敏、潘克勤、程震惊

课程目标 （期望把 学生带到 哪里?）	1. 通过对电磁学内容的学习，进一步培养学生关于电磁场的物质观念、运动与相互作用观念和能量观念。 2. 引导学生通过对安培力与洛伦兹力的学习进一步认识场的概念。通过对感应电流等相关问题的科学探究，强调对实验现象和实验结果进行归纳推理的方法，以此提升学生对实验结果定性和定量分析的能力。 3. 利用基于实际情境的问题，让学生了解电磁感应定律、楞次定律等电磁学基本规律在生产生活中的应用，了解电磁振荡的过程、交变电流的产生原理和方式以及高压输电、变压器等的原理，认识常用传感器的基本原理和简单的控制电路。 4. 通过对固体、液体和气体、热力学定律、原子与原子核、波粒二象性等内容的学习，进一步促进学生的物质观念、运动与相互作用观念、能量观念和物理模型建构等物理学科核心素养的形成。 5. 通过观察生活现象和实验，让学生了解固体、液体和气体的微观结构、热力学定律等内容。 6. 让学生了解光电效应等实验，引导学生认识光及实物粒子的波粒二象性，进一步认识光的本性。 7. 通过对固体、液体和气体、原子与原子核、波粒二象性等内容的教学，完善学生对物质的认识，帮助学生形成相对完整、科学的物质观念。通过用油膜法估测分子大小的实验，让学生体会和掌握测量微观量的思想和方法，能利用不同的方法和手段分析和处理信息。应注重运用气体实验定律、热力学定律等分析和解决实际问题。 8. 通过多种方法，创设多种问题情境，引导学生探究并讨论，让学生广泛了解核能等对人类生活和社会发展的影响。

续 表

课程内容 （基本的素材和活动是什么？）		教学实施 （我与学生怎样去？）
第 1 单元： 磁场	1. 通过实验，认识安培力。 2. 能判断安培力的方向，会计算安培力的大小。 3. 了解安培力在生产生活中的应用。	1. 利用电流天平等简易装置测量安培力。 2. 了解磁电式电表的结构和工作原理。
	1. 通过实验，认识洛伦兹力。能判断洛伦兹力的方向，会计算洛伦兹力的大小。 2. 能用洛伦兹力分析带电粒子在匀强磁场中的圆周运动。 3. 了解带电粒子在匀强磁场中的偏转及其应用。	1. 观察阴极射线在磁场中的偏转。 2. 了解质谱仪和回旋加速器的工作原理。
第 2 单元： 电磁感应与 交变电流	探究影响感应电流方向的因素，理解楞次定律。	用能量的观点解释楞次定律。
	1. 通过实验，理解法拉第电磁感应定律。 2. 通过实验，了解自感现象和涡流现象。 3. 能举例说明自感现象和涡流现象在生产生活中的应用。	了解电磁炉的结构和原理。
	1. 通过实验，认识交变电流。 2. 能用公式和图像描述正弦交变电流。	用示波器或其他设备观察交变电流的波形，并测算其峰值和有效值。
	1. 通过实验，探究并了解变压器原、副线圈电压与匝数的关系。 2. 知道远距离输电时通常采用高压输电的原因。	1. 观察常见的变压器，了解其作用。 2. 探讨远距离输电中导致电能损耗的因素。

课程内容 （基本的素材和活动是什么？）	教学实施 （我与学生怎样去？）
第 3 单元： **电磁振荡与** **电磁波**	
1. 初步了解麦克斯韦电磁场理论的基本思想。 2. 初步了解场的统一性与多样性，体会物理学对统一性的追求。	结合牛顿万有引力定律和麦克斯韦电磁场理论，体会物理学发展过程中对统一性的追求。
1. 通过实验，了解电磁振荡。 2. 知道电磁波的发射、传播和接收。	演示赫兹实验，体会理论预言在科学发展中的作用，以及实验验证对新理论的支撑作用。
1. 认识电磁波谱。 2. 知道各个波段的电磁波的名称、特征和典型应用。	列举家用电器和生活用品中与红外线、紫外线有关的应用实例。
第 4 单元： **固体、液体** **和气体**	1. 估测油酸分子的大小。 2. 了解分子动理论的基本观点及相关的实验证据。 3. 了解扩散现象。 4. 观察并能解释布朗运动。 5. 了解分子运动速率分布的统计规律，知道分子运动速率分布图像的物理意义。	1. 分组实验测量油酸分子的大小。 2. 演示实验多种扩散现象。 3. 利用显微镜观察布朗运动。 4. 演示实验模拟速率分布图像。
1. 了解固体的微观结构。 2. 知道晶体和非晶体的特点。 3. 能列举生活中的晶体和非晶体。 4. 通过实例，了解液晶的主要性质及其在显示技术中的应用。	利用熔化的石蜡显示云母片的各向异性和玻璃片的各向同性。
1. 观察液体的表面张力现象。 2. 了解表面张力产生的原因。 3. 知道毛细现象。	1. 分析生活中与表面张力相关的实例。 2. 设计实验，比较肥皂水和清水的表面张力。

	课程内容 （基本的素材和活动是什么？）	教学实施 （我与学生怎样去？）
第 4 单元： 固体、液体 和气体	1. 通过实验，了解气体实验定律。 2. 知道理想气体模型。 3. 能用分子动理论和统计观点解释气体压强和气体实验定律。	通过调查，了解生活中表现统计规律的实例。
第 5 单元： 热力学定律	知道热力学第一定律。	通过有关史实，了解热力学第一定律和能量守恒定律的发现过程，体会科学探索中的挫折和失败对科学发现的意义。
	1. 理解能量守恒定律，能用能量守恒的观点解释自然现象。 2. 体会能量守恒定律是最基本、最普遍的自然规律之一。 3. 通过自然界中宏观过程的方向性，了解热力学第二定律。	1. 基于对热力学定律的认识，结合可持续发展的观念，讨论人类合理开发和利用能源的问题。 2. 讨论为什么"第一类永动机"和"第二类永动机"不可能实现。
第 6 单元： 原子与原子 核光电效应	1. 了解人类探索原子及其结构的历史。 2. 知道原子的核式结构模型。通过对氢原子光谱的分析，了解原子的能级结构。	通过对物理学史的回顾，了解人类认识原子结构的过程。
	1. 了解原子核的组成和核力的性质。 2. 知道四种基本相互作用。 3. 能根据质量数守恒和电荷守恒写出核反应方程。 4. 了解放射性和原子核衰变。 5. 知道半衰期及其统计意义。 6. 了解放射性同位素的应用，知道射线的危害与防护。 7. 认识原子核的结合能，了解核裂变反应和核聚变反应。	通过视频了解核技术应用对人类生活和社会发展的影响。

课程内容 （基本的素材和活动是什么?）		教学实施 （我与学生怎样去?）
第 6 单元： 原子与原子 核光电效应	1. 通过实验，了解光电效应现象。 2. 知道爱因斯坦光电效应方程及其意义。 3. 能根据实验结论说明光的波粒二象性。	通过实验，了解光电效应的实验现象以及规律。
	1. 知道实物粒子具有波动性，了解微观世界的量子化特征。 2. 体会量子论的建立对人们认识物质世界的影响。	1. 了解电子衍射实验。 2. 通过史实，了解量子概念的建构对人类认识自然的影响。
教学评价 （何以知道 学生已经到 哪里?）	通过课堂表现、作业、单元测试、期中和期末测试、实验设计和制作、科技节活动等方式对学生进行教学评价。	